Johanna L. Degen
Swipe, like, love

Die Buchreihe »**Gegenwartsfragen**« schärft zeitdiagnostisch den Blick für das Hier und Jetzt. Sie hinterfragt den Status quo und erweitert gesellschaftspolitische Debatten um wichtige psychosoziale Dimensionen. Die kurzen, eingängigen und gut lesbaren Diskussionsbeiträge beziehen kritisch Position, treiben die Auseinandersetzung mit den gegenwärtig wesentlichen Fragen kontinuierlich voran und sind damit in produktiver Weise irritierend.

GEGENWARTSFRAGEN

Johanna L. Degen

Swipe, like, love

Intimität und Beziehung im digitalen Zeitalter

GEGENWARTSFRAGEN

Psychosozial-Verlag

Bibliografische Information der Deutschen Nationalbibliothek
Die Deutsche Nationalbibliothek verzeichnet diese Publikation in der Deutschen Nationalbibliografie; detaillierte bibliografische Daten sind im Internet über http://dnb.d-nb.de abrufbar.

Originalausgabe

Gesetzlich vertreten durch
die persönlich haftende Gesellschaft Wirth GmbH,
Geschäftsführer: Johann Wirth
Walltorstraße 10, 35390 Gießen, Deutschland
0641 969978 0
info@psychosozial-verlag.de
www.psychosozial-verlag.de

Umschlaggestaltung und Innenlayout:
Psychosozial-Verlag GmbH & Co. KG
Druck und Bindung: Druckhaus Bechstein GmbH,
Willy-Bechstein-Straße 4, 35576 Wetzlar, Deutschland
Printed in Germany

ISBN 978-3-8379-3287-4 (Print)
ISBN 978-3-8379-6193-5 (E-Book-PDF)
https://doi.org/10.30820/9783837961935
ISSN 2943-5439 (Print)
ISSN 2943-5447 (Digital)

Inhalt

1 Technisierte Begegnung

Infolge der Technisierung war es noch nie so leicht, mit anderen Menschen in Kontakt zu treten – unkompliziert, jederzeit und unaufwändig. Über Social Media und mobile Online-Dating-Apps besteht die Möglichkeit, kontinuierlich in Verbindung zu bleiben, Erlebnisse zu teilen, Beziehungen zu pflegen und potenziell neue Kontakte zu knüpfen.

Die Beziehungsanbahnung erfolgt heute für viele über mobiles Online-Dating, sprich über Apps wie Tinder, OkCupid, Grindr oder Bumble. Neben der ganz pragmatischen Funktionalität von mobilem Online-Dating – in Kontakt zu kommen und Beziehungen zu initiieren – haben sich dabei neue kollektive Umgangsformen, Gewohnheiten und schließlich Normen etabliert. Dazu zählen under anderem Quantifizierung, Beschleunigung und Rationalisierung im Prozess sowie Parallelität, Low-Investment und performativer Sex beim Dating.

Viele erleben mobiles Online-Dating als verletzend, demütigend und insgesamt wenig freud- und lustvoll (Sharabi & Timmermanns, 2021). Gleichzeitig ist sich die Mehrheit der Beziehungssuchenden einig, dass Dating-Apps heutzutage der einzige angebrachte Ort sind, in Kontakt zu treten (Adamczyk et al., 2022a). Dies führt zu einer wachsenden Gruppe frustrierter und erschöpfter Online-Daterinnen und

-Dater, deren Strategien Begegnung paradoxerweise erschweren – man datet quasi aneinander *vorbei*.

Im Prozess des frustrierenden Datings erleben auf gruppendynamischer Ebene altbekannte Stereotypen ein Revival. Im heterosexuellen Kontext verbreitet sich ein Diskurs, der Frauen (wieder) als umtriebig, unattraktiv und damit wertlos oder über-anspruchsvoll und arrogant darstellt. Männer gelten entweder als armselig, triebgesteuert oder gefährlich.

Die entstehenden Zuschreibungen werden in die sozialen Medien weitergetragen – man ist sich einig: »Tinder ist scheiße«, und dass es nicht gut läuft, liegt am Gegenüber. Über Hashtags wie #radfem (radikaler Feminismus) oder #redpill (archetypische Maskulinität) und einschlägige Kanäle wie @tindernightmares werden die eigenen Erfahrungen mit Hunderttausenden anderen geteilt, um die eigene Interpretation validieren zu können.

Bei Instagram und TikTok werden aber nicht nur Informationen und Unterhaltung gesucht, sondern auch Ratschläge eingeholt und Haltungen ausgebildet (Vrontis et al., 2021). Neueste Forschung zeigt zudem: Social-Media-Nutzung begründet sich nicht nur durch Angst, etwas zu verpassen (FOMO: *Fear of Missing Out*), oder durch suchtähnliches Verhalten, sondern auch und vielleicht vor allem durch die Etablierung und Unterhaltung (parasozialer) Beziehungen – wir binden uns an und beziehen uns auf die Figuren im Endgerät (Degen, 2023b). Gleichzeitig gelten auf Social Media eigene (Kommunikations-)Regeln, über die sich charakteristische Dynamiken in der Gesellschaft materialisieren. Dazu zählen auf sozialer Ebene etwa Meinungsblasen und Polarisierung durch (gefährliche) Vereinfachung oder auf Subjektebene das inhärente Verständnis, dass Beziehungen einseitig, bedingt und ökonomisch eingefärbt sein dürfen.

In diesem Buch stelle ich deshalb die Frage: Was bleibt von Begegnung und *Liebe* zwischen Online-Dating als Ort parasozialer Annäherung und Social Media als Ort parasozialer Beziehung?

Zur Beantwortung betrachte ich zuerst die Psychologie des mobilen Online-Datings und zeige auf, inwiefern die etablierten Praxen Begegnung erschweren und sich kollektive Missverständnisse in der parasozialen Annäherung einschleichen. Anschließend geht es um Parasozialität und darum, wie sich Social-Media-Praktiken auf Beziehungen zwischen Subjekten und Gruppen auswirken und – in der Tendenz – Beziehungsverarmung und Vereinzelung vorantreiben. Statt in Dystopie zu verharren oder zu pathologisieren, werden abschließend aus kritisch-theoretisierender Perspektive ein angeeigneter Modus und Handlungsspielräume für therapeutische und beratende Kontexte sowie Bildung diskutiert und gezeigt, dass es im Nutzungsmodus darum geht, als Mensch nicht zum Rohmaterial der Technik (Schraube, 2024) zu werden.

2 Die Psychologie des Online-Datings: Parasoziale Annäherung

2.1 (Online-)Datingkultur früher und heute

Einst wurden Menschen einander vorherrschend über Institutionen wie die Kirche, später Familie, Freundinnen und Freunde und den Arbeitsplatz vermittelt (Luhmann, 1994; Kuchler & Beher, 2014). Dann etablierten sich Vermittlungsbüros vor Ort und um die Jahrtausendwende das Plattform-Dating (z.B. Parship). Seit 2012 und mit der Gründung von Tinder von der Match Group wird vor allem mobil und online, also per Applikation, gedatet. Studien zeigen, dass zwischen 25 und knapp 50 Prozent aller Paare, die in den letzten fünf Jahren zusammengefunden haben, App-vermittelte Paare sind (Timmermanns & Courtois, 2018; Rosenfeld et al., 2019). Damit lösen mobile Online-Dating-Apps wie Tinder, Grindr, Happn, Bumble, Lovoo, OkCupid und Konsorten den Arbeitsplatz und Freundeskreis als bis dahin vorherrschenden Ort der intimen Annäherung ab.

What's new after all?

Nun könnte man fragen: Na und? »*What's new after all?*« Einiges! Während die *Vermittlungsrolle* nicht neu ist, ändern sich die *Prinzipien*, nach denen gedatet wird. Und dieser Wandel ist bedeutungsvoll.

Die Kultur des Datings kam um die 1960er Jahre nach Deutschland (Weigel, 2016). Angelehnt an das amerikanische Vorbild, begann man sich zwischen quasi Fremden und losgelöst vom direkten sozialen Umfeld vor allem in den Städten in der Form von Dates anzunähern. Dates wurden als etwas Besonderes inszeniert. Die Suchenden schrieben dem Datingprozess Bedeutung zu, investierten Geld, Zeit und Emotionen. Der ökonomische Stand war damals wie heute relevant, und entsprechend der persönlichen Möglichkeiten ging mit den Dates eine gewisse *Eventisierung* und *Theatralisierung* einher (Reichertz, 1998). Schick, gepflegt, gut gekleidet, mit Accessoires ausstaffiert, ging es je nach Status zum Tanzabend, ins Restaurant oder in Bars (Illouz, 2003, 2007, 2018).

Soziale Traditionen sind mächtig und beeinflussen die Wahrnehmung von Wirklichkeit und Verhalten (Ajzen & Fishbein, 1977). Einst erkannte man beispielsweise die echte Zuneigung der Partnerin daran, dass sie in Ohnmacht fiel; und tatsächlich: Der Körper verinnerlichte die Erwartung, und nicht wenige Frauen fielen buchstäblich in Ohnmacht, um ihre Zuneigung zu bekunden (Reichertz, 1998). Auch heute wird unausgesprochenen Regeln beim Dating gefolgt, die sich beim mobilen Online-Dating aber verändert haben. Statt aufwändiger Inszenierung der großen Gefühle gelten neue Prinzipien: *Low-Investment*, *Parallelität*, *Quantität* sowie *Beschleunigung* zeichnen die Datingpraxis aus. Es gilt, verfügbar, flexibel und effektiv zu sein, und das einzelne Date soll auf allen Ebenen nicht zu viel kosten, gerne aber viel bringen.

Beim mobilen Online-Dating wird heute nicht ins einzelne Gegenüber, den Moment oder sich selbst investiert, sondern in die andauernde Suche und die App – ca. die Hälfte der

Nutzerinnen und Nutzer ist bereit, für den Service monatlich zu zahlen (Statista, 2022).

Wir verbringen insgesamt viel Zeit online. Wenn es aber um die Interaktion mit einem spezifischen Gegenüber geht, dann gilt, so wenig wie möglich zu investieren. Das betrifft nicht nur die investierte Zeit, die als knappe Ressource wahrgenommen wird (Rosa, 2013), sondern auch die Emotionen, zum Beispiel die heruntergeschraubte Erwartungshaltung, und auch den monetären Einsatz. Zur *Risikoverteilung* und um die Menge an Möglichkeiten zu managen, werden viele Dates aneinandergereiht, mitunter auf den gleichen Tag oder zumindest mehrere in eine Woche gelegt. Die jeweilige Begegnung gleicht dann einer *»Try-on«-Logik* (Degen, 2021): Wer passt am besten? Und: Gibt es noch jemanden besseres? Da also viel gedatet wird, können es nicht jedes Mal Operetten-Tickets sein. Auch das Outfit wird nicht neu gekauft. Und da sowieso alle viel zu tun haben, wird das Date nicht nur gerne kostengünstig, sondern auch effektiv erledigt. Nicht selten geht man dann beim Date im Einrichtungshaus shoppen oder im Park joggen. Enttäuscht das Date, hat man wenigstens die Besorgung erledigt (Degen & Kleeberg-Niepage, 2024).

Nach dem Date wird weiter geswiped, es wird parallel gedatet und das Risiko auf mehrere Optionen verteilt. Das wissen alle Beteiligten. Unromantisch finden das viele, auch verletzend und beklagenswert, aber beschleunigte Serialität und Parallelität haben sich nach einer Dekade mobilen Online-Datings etabliert und sind geduldet – niemand möchte der übercommittete Part sein, es wäre schon fast unpassend und voreilig, sich nur mit einer Person zu beschäftigen (Shabi & Timmermanns, 2021).

So werden viele Matches gesammelt, Dates in zügiger Abfolge aneinandergereiht und es wird parallel geflirtet. Wenn das eine Date nicht gut läuft, wird direkt mit dem Folgedate kompensiert, und auch wenn es gut läuft, schwingt im Hintergrund die Verlockung vieler weiterer Alternativen mit, die auch sofort erreichbar wären und attraktiv wirken.

2.2 Swiping, liking, matching, ghosting: Was ist charakteristisch am mobilen Online-Dating?

In Abgrenzung zum mobilen Online-Dating basieren Online-Plattformen wie Parship auf detaillierten Informationen samt psychologischer Fragebögen. Aufgrund der umfangreichen abgefragten Informationen schlagen die jeweiligen Plattformdienste dann die antizipierten, am besten passenden Partnerinnen oder Partner vor. Hier geht es also um ausgeklügelte Profile und gute Passung.

Mobiles Online-Dating hat das Plattform-Dating zahlenmäßig abgelöst und basiert in Abgrenzung dazu auf wenigen *basalen Kriterien* wie Geschlecht, Alter, sexueller Orientierung und GPS-Standort. Dementsprechend werden alle Personen in geografisch erreichbarer Lage vorgeschlagen, und zwar so viele, solange geswiped wird. So entsteht eine Vielzahl an Optionen, die sich vor allem über geografische Verfügbarkeit auszeichnen, während die individuelle Passung zunächst nachrangig ist.[1] Mobile Dating-Apps versprechen damit un-

1 Die Applikationen sortieren allerdings nach Attraktivität, Typus (Ähnlichkeit), Matchquoten und Verhalten. Über eine (rationierte) Sortierung wird be-

mittelbaren Zugriff auf scheinbar endlose Möglichkeiten von Abenteuer und Intimität.

Alles einfach spielerisch[2]

Die *Registrierung* beim mobilen Online-Dating ist niedrigschwellig. Während sich die Apps in ihrer digitalen Architektur unterscheiden und sich laufend verändern, bleibt die Logik zumeist konstant und Nutzerinnen und Nutzer sowie Wirkweisen werden als sehr ähnlich empfunden. Es bedarf eines Profilfotos, eines Nicknamens, Angaben zum Alter, Geschlecht und zur sexuellen Orientierung. Optional können zum Beispiel bei Tinder derzeit bis zu maximal acht weitere Fotos, ein Profiltext (bis 500 Zeichen), eine Verlinkung zu Spotify und/oder Instagram sowie Angaben zum Beruf und zur Ausbildung hinzugefügt werden. Manche Applikationen wie Bumble oder OkCupid fragen auch nach den Absichten (z. B. »feste Beziehung«, »unverbindliche Begegnung« oder auch Kinderwunsch und Familienstatus) und nach weiteren Parametern wie Impfstatus (während der Pandemie), politischer Haltung, Lifestyle (z. B. Veganismus) oder Vorlieben (z. B. BDSM). Entsprechend der Suchparameter werden dann mögliche Partnerinnen oder Partner nacheinander vorgeschlagen.

In der *habituellen Nutzung* basiert die Entscheidung über Gefallen oder Nichtgefallen – Like oder Dislike – haupt-

stimmtes Verhalten, beispielsweise regelmäßiges Einloggen, genudged, sodass die Nutzerinnen und Nutzer möglichst online bleiben. Diese Codes sind allerdings nur phänomenologisch zu erfassen, da sie nicht geleaked werden (Parisi & Comunello, 2019; Courtois & Timmermanns, 2018; Peetz, 2023).

2 Die folgenden Praktiken beziehen sich, wenn nicht anders referenziert, auf Degen & Kleeberg-Niepage, 2021, 2022, 2024; Degen, 2021, 2024a.

sächlich auf dem ersten Bild, während weitere Bilder und der Profiltext zunächst in den Hintergrund treten. Das Profilbild nimmt den größten Teil des Bildschirms ein. Entscheidungen werden durch eine Wischbewegung getroffen – nach rechts wischen (swipen) bedeutet Interesse, nach links wischen Desinteresse. Diese Aktivität wird als rhythmische Folge von Bewegungen durchgeführt und zig oder hunderte Entscheidungen reihen sich zügig aneinander.

Der kleinste gemeinsame Nenner

Mobiles Online-Dating wird von Menschen unterschiedlichster Altersgruppen und sozialer Milieus genutzt – nicht jede und jeder datet, aber Menschen in allen Lebenslagen daten per App. Studien versuchen zu zeigen, welche *Motive* dabei vorrangig sind (Sumter et al., 2017). Dabei hat sich herausgestellt, dass die Unterstellung nicht haltbar ist, mobile Dating-Apps seien nur für Sex da und Ursache der »Hook-up-Culture« (Lopes & Vogel, 2017). Die Motive der Neugierde, Unterhaltung und Suche nach Partnerschaft rangieren hingegen weit oben (Fowler & Both, 2020). Qualitative Daten zeigen allerdings eine integrative Motivlage, die ein Ranking obsolet macht und stattdessen auf eine Diversität von Motiven hinweist (Newerla & van Hooff, 2023). Man ist online im Dating unterwegs, weil es erstmal attraktiv, einfach und spannend wirkt oder um sich abzulenken. Matcht man, belohnt das unmittelbar, aber nicht nachhaltig. Kommt man in guten Chatkontakt, kann das Freude machen. Springen Dates dabei raus, ist das eine Bestätigung und Unterhaltung an sich. Resultiert der Kontakt in Sex, der nicht nur mechanisch ist, super. Und: Trifft man eine zeitlich begrenzte oder gar lebenslange

Liebe oder findet man jemanden, um eine Familie zu gründen – sofern gewünscht –, noch besser. Statt eines Entweder-oder herrscht das Motto: »Alles kann, nichts muss«, oder: »Mal sehen, was man kriegen kann oder hinkriegt.« Auch wenn die Hoffnung auf eine berührende Begegnung rationalisiert und heruntergespielt wird, schwingt sie im Hintergrund mit.

Online-Dating ist keine Hook-up-Culture

Es geht beim (mobilen Online-)Dating also weder zwangsläufig um die Suche nach einer lebenslangen Liebe, noch muss es ausschließlich um (schnelle) sexuelle Kontakte gehen. Das gilt generationenübergreifend. Vielmehr steht das Verlangen im Vordergrund, etwas zu empfinden, sich berührt und wahrgenommen zu fühlen sowie das Selbst als einzigartig zu erleben – es wird quasi kollektiv nach einer guten Zeit und bedeutsamer Begegnung gesucht, für die Dauer oder den Moment. Fest steht: Wirklich niemand datet online, um sich austauschbar, ausgenutzt oder abgewertet zu fühlen.

Selbstoptimierung, oder: »Lügen haben asynchrone Beine«

Da die Entscheidung für Like oder Dislike innerhalb weniger Sekunden auf Basis des *Profilbildes* getroffen wird, kommt es also auf die visuelle Darstellung an. Beim Dating gilt, online wie offline, sich von der besten Seite zu zeigen. Beim mobilen Online-Dating gibt es dazu andere Möglichkeiten als im Face-to-Face-Kontext. Die zeitliche Versetzung gibt Raum für Reflexion, Optimierung und Strategien, mit allen Möglichkeiten und Herausforderungen (Przyborski & Slunecko, 2020). Das Online-Dating stellt eine asynchrone und enthistorisierte Selbstinszenierung dar, bei der Profile jederzeit neu erstellt und angepasst werden können. Profile bieten damit Raum für strategisch orchestrierte Optimierung – einschließlich der Verwendung von Filtern, vorteilhaften Bildern, sorgfältig ausgewählten Texten und strategischen Überlegungen, wie dem Platzieren eines Tiers oder ähnlichem (Dürnberger & Springer, 2022).

Gleiches gilt für den *Profiltext.* Nutzerinnen und Nutzer müssen sich zwischen einer optimierten Darstellung, die zu unmittelbarer Belohnung in Form von Likes führt, und einer Selbstpräsentation, die der Korporalität nah ist, entscheiden. Je mehr optimiert wird, desto größer ist der Stress, wenn es zum Treffen kommen soll. Dort muss man fürchten, mit der Enttäuschung des Gegenübers konfrontiert zu werden. Man zeigt sich also im besten Licht oder auch technisch optimiert bis hin zur Unwahrhaftigkeit (Zillmann, 2016) und entwirft damit eine antizipierte Version des Selbst, die zumeist idealisiert ist; ein Fakt, den man in der Konsequenz mit sich und dem Gegenüber aushandeln muss (Schlechter & Grenz, 2021).

Ein gewisses Maß an Optimierung ist dabei kollektiv und implizit akzeptiert, solange die Optimierung in näherer Zukunft erreichbar ist; eine Medizinstudentin kann schon mal »Medizinerin« oder »Ärztin« im Profil vermerken, ein Lehramtsstudent nicht.

Bei Tinder sind doch alle gleich!? Nein, aber die Profilbilder sind ähnlich

Die Selbstdarstellung in Bild und Text zeigt sich als relativ gleichförmig. 2019 gab es noch acht Kategorien (typische

Darstellungsweisen), die sich bis 2023 weiter reduziert haben. Zu den häufigsten Typiken zählen Selfies, Spiegelselfies und Reisebilder, gefolgt von Bildern in sozialen Kontexten und Inkognitobildern. Selfies sind die am stärksten wachsende Kategorie, mit wachsender Prominenz von Spiegelselfies[3]. Weniger stark vertretene Kategorien sind verschwunden oder verkleinerten sich weiter, etwa die Kategorie der ironischen Reflexion »challenging the logic«, oft bezogen auf Geschlechterrollen. Die Selbstdarstellung wird derzeit folglich kollektiv gleichförmiger und der Logik angepasster.

Im Profil*text* zeigt sich ebenfalls eine relativ große Konformität. Oft werden Selbstaussagen gemacht, die sich auf Ess- und Trinkverhalten und Lifestyle beziehen (»Ich liebe Sonne, Wein und Meer«), Forderungen formuliert, zum Beispiel in der Form von GOs und NO-GOs (»keine Grünen-Wähler, Raucher, Fleischesser«), oder eigene Qualitäten aufgelistet (»Ich liebe Kunst und Kultur«) (Peetz, 2023). Dabei werden Originalität und Selbstaussagen, zum Beispiel Hinweise auf Humor oder Metaphern, von anderen positiv und Rechtschreibfehler stark negativ bewertet (van der Zanden et al., 2019, 2022).

Swipe, Match, Chat: Annäherung mit Hindernissen

Nur wenn beide Personen nach rechts wischen, entsteht ein *Match*, und die Interessierten erhalten Zugriff zur Chatfunktion. Um einen Schritt weiterzukommen, ist also die Bewertung des aktuellen Profils durch das Gegenüber er-

3 Vertiefend zur Ikonik des Spiegelselfies und dessen Bedeutung siehe Peetz & Kumkar, 2024.

forderlich. Nutzerinnen und Nutzer müssen eine nicht revidierbare Entscheidung treffen; ein Blättern wie in einem Katalog und direkte Vergleiche von Optionen sind nicht möglich (Peetz, 2021).

Üblicherweise wird vom Swipen nicht aufs Chatten gewechselt, sondern erst einmal weiter geswiped, bis einige Matches entstehen oder die Motivation schwindet und Frust entsteht. Frauen und Männer im heterosexuellen Setting wenden dabei unterschiedliche *Strategien* an. Bis etwa zum 40. Lebensjahr sind Frauen im Vorteil und selektieren über die Lebensspanne streng(er). Sie haben zunächst mehr Optionen, eine breitere Altersspanne (nach oben weniger begrenzt) und sind in der Zahl unterlegen, sie haben also mehr Möglichkeiten. Männer sind im Schnitt unterlegen und sind bei der Auswahlstrategie deutlich toleranter – sie swipen erstmal den Großteil der Frauen auf »like«. Ab der Lebensmitte verändert sich das und Frauen sind eher benachteiligt, was aber an der strengen Selektivität wenig ändert; eventuell, weil sie als Singles zufriedener sind. Dabei deutet sich an, dass Männer auch jüngere Frauen daten können, ihr ökonomisch ansteigendes Kapital das Alter wettmachen kann und das erotische Kapital weniger schnell abnimmt. Auch die Bewertung von Lebensumständen ist unterschiedlich: Alleinerziehende Männer beispielsweise gelten eher als attraktiv, während derselbe Status bei Frauen stärker als Nachteil bewertet wird. Ob und wie sich das auf Verhalten und Strategien auswirkt, ist bisher nicht abschließend oder stichhaltig untersucht.

Männer swipen also prinzipiell toleranter, Frauen selektiver. Beide Gruppen swipen seriell, zügig und in *Sessions*, reihen also viele Entscheidungen aneinander. Die dabei gesammelten Matches werden, je nach Anzahl, im Anschluss angeschaut, und dann wird nochmal entschieden, mit wem man in Kontakt treten möchte. Die größte Rolle spielen dabei die letzten fünf *Matches*, die im sichtbaren Feld der digitalen Architektur in der App aufgereiht werden – das Sammeln von vielen Matches hat daher wahrscheinlich eine eigene Bedeutung. Es mag der quantifizierten Validierung oder Verteilung von Risiko dienen oder deutet auf die befriedigende oder belohnende (manche sagen: suchtähnliche) rhythmische Swipepraxis hin, bei der es nicht immer vorrangig um das Finden eines guten Matches, sondern um das Swipen und Sammeln von Matches an sich zu gehen scheint.

Online-Dating hat eine eigene Funktion

Die große Mehrheit der Matches wird nie angeschrieben oder schreibt andersherum gar nicht an. Auch hier deutet sich eine ganz eigene Funktion von mobilem Online-Dating an. Etwa die Hälfte der Nutzerinnen und Nutzer der Applikationen sind keine Singles, und nicht wenige benutzen die App aus Neugier, zur Kontrolle über andere, beispielsweise den eigenen Partner oder die Partnerin, zur Validierung der eigenen Attraktivität oder suchen Kontakte für digitales Sexting und Online-Flirts[4]. Für viele ist auch die Swipepraxis schlicht beruhigend und angenehme Ablenkung, wie vielleicht früher Fernsehen.

4 Die Daten variieren, zuletzt wurden in einer spanischen Studie 63% proklamiert, allerdings zeigt die Studie Schwächen und ist nicht repräsentativ (Cruz, 2023 im Interview). Andere Zahlen indizieren um die 40%.

Fragile Kontaktaufnahme

Inmitten der konstituierenden Ambivalenzen zwischen *Interesse*, *geringer Verbindlichkeit* und *heruntergespielter Erwartungshaltung* bei gleichzeitiger *Hoffnung auf Bedeutsamkeit* wird dann vielleicht ein Chat begonnen. Es steht dabei einiges auf dem Spiel! Beim mobilen Online-Dating gibt es mehrere *Schwellen* (Hürden), bei denen die meisten Abbrüche der Annäherung stattfinden. Dazu zählen das Match, das direkt danach, bei näherer Betrachtung, aufgelöst wird, die Aufnahme eines Chatgesprächs, der Wechsel zur Handynummer und das analoge Treffen (Broeker, 2023).

Spezifisch an der mobilen Online-Dating-Kommunikation und dem Annäherungsabbruch ist das *Ghosting* – also die einseitige Auflösung des Kontakts. Innerhalb der Applikation funktioniert das per Button, bei WhatsApp, Instagram und analogen Beziehungen über das Blocken und ausbleibende Antworten. Es ist die einseitige, unangekündigte und feedbacklose Beendigung des Kontaktes oder der Beziehung. Das gab es auch schon früher, wenn der Familienvater vom Zigarettenholen nicht wieder zurückkam, aber es war seltener (Solimann, 2019). Heute ist Ghosting verbreitet. Beim Dating haben 100 Prozent aller Nutzerinnen und Nutzer schon Ghosting erlebt und knappe 100 Prozent schon selbst geghostet. Es ghosten also alle, und die Praxis wird auch über Dating hinaus praktiziert, man ghostet auch das Arbeitsamt, Arztpraxen und Versicherungsvertreterinnen (Collins et al., 2023).

Bei der Kontaktaufnahme per Chat ist man nun also bei Schwelle zwei, und nun zählt es, weder über- noch unterengagiert zu wirken, aber in der Masse ausreichend aufzufallen, im besten Falle positiv (Rijk & Stommel, 2023). Das empfinden viele als anspruchsvoll und risikoreich. Besonders erfolgreich sind dabei die aktuellsten Matches. Ist das Match schon älter, wissen beide, sie waren nicht die erste Wahl.

Bei der schriftlichen *Kommunikation per Chat* zeigen sich unterschiedliche Strategien. Die Spannbreite reicht vom standardisierten Emoticon, was relativ wenig entblößt, um dann erstmal abzuwarten, ob eine Reaktion kommt, über ausgeklügelte Ansprachen, die sich auf das Profil beziehen, bis zu vorgefertigten Standardnachrichten (manchmal mit ausgeklügelten Tests als Fangfragen), die aus Effektivitätsgründen immer wieder verwendet und mitunter mit der Freundesgruppe, durch Forenempfehlungen oder einen Coach weiter verfeinert werden[5]. Oftmals wird die Konversation abrupt gestartet, ohne Begrüßung und mit einer Nachricht, die möglichst eine Antwort hervorruft, beispielsweise über direkte Fragen (ebd.).

Als tendenziell erfolgreicher zeigt sich dabei im heterosexuellen Setting, Emanzipation hin oder her, wenn Männer zuerst anschreiben[6]. Dahingehend intervenieren einige Plattformen. Bumble, gegründet von einer Frau, soll emanzipatorisch funktionieren, indem nur die Frau Kontakt aufnehmen kann. In der Praxis wird das dadurch umschifft, dass Frauen dann besonders erfolgreich sind, wenn sie den Chat nur per Emoji öffnen, aber den ersten Schritt wiederum dem Mann

5 So entsteht ein Markt rund um das Dating, mit Online-Diensten, Coaches in der Selbsthilfe-Ära (Plesa, 2021), Sicherheitsapplikationen und vielem mehr.

6 Aus wissenschaftlicher Sicht überraschend gilt es als hohe Quote anschreibender Frauen, dass es bei einem Fünftel auch mal vorkommt (Berkowitz et al., 2021), was wohl auf das Ausmaß der Üblichkeit hinweisen kann.

überlassen. Die angebotene Logik wird also durch Reproduktion von Machtverhältnissen und Traditionen habituell unterlaufen (Bivens & Hoque, 2018; Young & Roberts, 2021). Durch einen technischen Kniff wird also schonmal nichts an Wünschen, Rollen, Konventionen, Normen oder Macht verändert.

Nach der *Kontaktaufnahme* entscheidet sich, ob eine Konversation entsteht und ob und wie eine Verbindung aufgebaut wird. Wichtig für eine gelungene Konversation scheint dabei zunächst, dass das *Online-Verhalten*, also die Antwortfrequenz und Erreichbarkeit, und der Wille, in kreatives Schreiben zu investieren, ähnlich sind. Trotz Emoticons, die Emotionen besser ausdrücken können sollen als Textzeichen (Aldunate & González-Ibáñez, 2017), bleibt ein großer Spielraum zur Interpretation und Projektion, weswegen manche gerne für immer online verweilen, andere sich möglichst umgehend treffen möchten, während wieder andere den virtuellen Raum nutzen möchten, um sich erst einmal kennenzulernen. Diese sehr unterschiedlichen Strategien sind nur einer von vielen Aspekten, durch die sich beim mobilen Online-Dating kommunikative Herausforderungen einschleichen.

Zwischen Nonfirmation und Oversharing

Speziell an der Kommunikation ist hier, ähnlich wie bei den Profilbildern, wieder die *Asynchronität*. Durch die digitale Vermittlung entsteht eine Lücke, in der reflektiert und orchestriert werden kann, und das baut Druck auf. *Wie viel gebe ich von mir Preis, was lasse ich weg, wo stelle ich mich in einem etwas besseren Licht dar, wann ziehe ich wie Grenzen?* Das sind nur einige Fragen, die Nutzerinnen und Nutzer sich laufend stellen müssen und die herausfordernd sein können, denn oft stehen unmittelbare – validiert werden, als attraktiv gelten und Aufmerksamkeit bekommen – und mittelbare Ziele – gesehen und geliebt werden – im Widerspruch zueinander, und immer schwingt mit, dass der Kontakt nicht besonders verbindlich ist.

2.3 Potenziale von mobilem Online-Dating

Mobiles Online-Dating hat inzwischen einen zweifelhaften Ruf. Neben der anhaltenden Unterstellung, es gehe dabei vor allem um Sex, und dass das etwas Negatives sei, wird im öffentlichen Diskurs proklamiert, mobiles Online-Dating sei toxisch, Tinder überholt und Online-Dating Zeitverschwendung. Aber mobiles Online-Dating ist aus guten Gründen so groß geworden, denn es löst auch Probleme. Dabei zeigen sich Pull- und Push-Faktoren, und zwar in Bezug auf das Subjekt, soziale Beziehungen und die Gesellschaft.

Gute Gründe, online zu daten

Mobiles Online-Dating lockt Subjekte mit Niedrigschwelligkeit. Es ist einfach und intuitiv zu bedienen und zunächst kostenfrei, ganz pragmatisch praktisch, mit *Zugriff auf viele andere*, die ansonsten nicht erreichbar wären, und mit der spielerischen Leichtigkeit, die die Gamifizierung abstrahlt. Als wertvoll wird dabei bewertet, dass über die App über das eigene Milieu und den direkten Umgangskreis hinaus gedatet werden kann (Sharabi, 2023). Der Banker kann den Künstler treffen, auch wenn er nie auf eine Vernissage geht. Das öffnet ansonsten geschlossene bzw. getrennte Erfahrungsräume. Und mehr noch, die Applikationen erlauben, überhaupt ein Date zu arrangieren, ohne dass Zeit vorhanden sein muss, um sich abends in der Stadt herumzutreiben und Kontakt aufwändig zu akquirieren; im Prinzip gilt, man kann daten, wann man will, und sich *Emotionen und Begegnung verfügbar* machen. Das ist unter den heutigen Lebensbedingungen, in denen Zeit als knappe Ressource erlebt wird, ein gutes Argument (Rosa, 2013, 2019). Für all diejenigen, die zeitlich und physisch wenig flexibel (wie Alleinerziehende), beruflich oder privat sehr eingebunden sind oder sich so fühlen, löst das Probleme.

Für Menschen, die wenig Erfahrung mit dem Flirten haben, die sich als zurückhaltend erleben und denen es nicht natürlich leicht fällt, in Kontakt zu kommen, oder auch für die, die negativen Erfahrungen mit Grenzüberschreitungen gemacht haben, bietet mobiles Online-Dating eine Möglichkeit, aus einer als sicher empfundenen Sphäre zu flirten (Blackhart et al., 2014) – es dient dann dazu, *soziale Skills zu trainieren*, (wieder) *in Kontakt zu kommen* und *Angst zu überwinden*. Da kommt es gelegen, dass nicht jeder Kontakt verbindlich und bei Misslingen der nächste Kontakt umgehend erreichbar ist. Und auch von einem selbst kann der Kontakt jederzeit per Klick abgebrochen werden, ohne dass man die Konfrontation des Abschieds oder ein Feedback riskieren muss – das gibt *Sicherheit und Raum zum Ausprobieren*. In dem Fall arbeitet die Asynchronität der Kommunikation für diejenigen, die sich üben möchten und so mit Unsicherheit eher zurechtkommen mögen.

Ähnliches gilt auch für Menschen, die sich als einsam

erleben oder in *Krisen* befinden, beispielsweise nach einer Scheidung. Da sind es oft Männer, die wenig soziale Anknüpfungspunkte haben, und mancher konkludiert, Tinder habe ihn nach der Scheidung gerettet. Aber auch Frauen daten sich quasi zurück ins Leben, erleben sich beispielsweise wieder als begehrenswert. Insgesamt zeigt sich, dass schon allein die digitale Validierung auch eine wirksame Funktion für das Selbst darstellt, man zeigt sich, bekommt Feedback und kann unverhohlen beobachten und schauen.

Safer Space Online-Dating-App

Insbesondere auch für *vulnerable oder marginalisierte Personengruppen* ist mobiles Online-Dating ein Möglichkeitsraum und kann einen Safer Space darstellen (Sharabi et al., 2023). Nicht nur queere Personen können sich mit ihrer Identität zunächst ungefährdet ausprobieren; alle Menschen können aus sicherer Warte ihre Vorlieben entlang der Profile explorieren. Für queere Menschen in ländlichen Regionen ist mobiles Online-Dating oft der einzige Weg, in Kontakt zu kommen, wo es im öffentlichen Raum oft bis heute keine Möglichkeiten gibt oder öffentliche Treffen fortwährend ein Risiko darstellen können. Das gilt auch für trans* Personen und Menschen mit Behinderung, die oft sehr deutlich im Profil ihre Identität ausweisen, um Übergriffen durch Überraschungsmomente vorzubeugen. Menschen mit Fetischen, speziellen sexuellen Fantasien oder weniger verbreiteten oder weniger oft geäußerten Anliegen können über die Masse der anderen auch *Nischenanliegen* decken, zum Beispiel Samenspender oder Partnerinnen und Partner zur Gründung von Regenbogenfamilien suchen.

Besser als ihr Ruf: Online-Dating-Beziehungsqualität

Aber nicht nur für marginalisierte Gruppen und marginalisierte Anliegen ergeben sich Matchmöglichkeiten und Vorteile der quantifizierten Suche. Bei Paaren, die sich über mobiles Online-Dating kennengelernt haben, werden verschiedene Vorteile für die resultierenden Beziehungen gesehen. Dazu zählt unter anderem, dass das Matchen mit jemanden außerhalb des Freundes- und Bekanntenkreises vorteilhaft sein kann. Man kommt quasi als unbeschriebenes Blatt zusammen. Online gematchte Paare geben auch weitere Vorteile an, beispielsweise, dass sie bei der Suche rationaler entschieden und sich über Kriterien mehr Gedanken gemacht haben, und einige Studien zeigen eine hohe Beziehungsqualität (Sharabi, 2023). Aber auch die Wahrscheinlichkeit, eine überdauernde Beziehung zu finden, ist bei der Nutzung von mobilen Online-Dating-Apps höher (Erevik et al., 2020). Die Studienlage zur Beziehungsqualität ist allerdings bisher ambivalent und der Erkenntnisgewinn nicht abgeschlossen.

Mobiles Online-Dating ist unmittelbar angenehm

Bei allen diesen Beispielen zeigt sich, dass es als unmittelbar *angenehm* empfunden wird, in Kontakt treten zu können, ohne sich der Situation körperlich zu stellen; das *Spielerische* mit der eigenen Identität, die entstehenden Möglichkeiten und das Gefühl von *Kontrolle* über Informationen und den Kontaktverlauf werden positiv hervorgehoben. Das wird besonders deutlich, wenn gefragt wird, wieso Menschen nicht (mehr gern) offline Dates initiieren. Beschrieben wird, dass man sich einer möglichen Abfuhr nicht aussetzen mag, der Körper sich verweigert oder man es sich unpassend vorstellt.

Dazu zählt auch, dass der Raum des mobilen Online-Datings als *eindeutig* erlebt wird. So wird an die Anderen herangetragen, dass diese doch verfügbar und ansprechbar sind – eindeutig. So erklärt sich auch, dass Menschen in Clubs oder Bars per App checken, ob eine Person, die ihnen gefällt, dort auffindbar und damit heuristisch geschlossen eindeutig verfügbar und ansprechbar wäre. Vernachlässigt wird dabei, dass vielleicht knapp die Hälfte aller registrierten Nutzerinnen und Nutzer nicht Single sind, viele gar keinen Offline-Kontakt wünschen. Ebenso wird vernachlässigt, dass ein Dating-App-Profil und das damit verbundene Signal der Ansprechbarkeit trotzdem nicht jeder Person und auch nicht in jeder Situation gilt.

Mobile Dating-Apps locken also mit einem vermeintlich sicheren, relativ eindeutigen Umfeld vieler Möglichkeiten zum Explorieren und Ausprobieren (Rollen sowie Identitäten), bei dem ein Gefühl von Kontrolle entsteht und man der Face-to-Face-Konfrontation und den damit verbundenen Risiken ausweichen kann.

Dating-Apps als Raum der Möglichkeiten

Neben den Faktoren auf Subjektebene zeigen sich auch *intersubjektive bzw. soziale Funktionen*. Zum einen dient das Dating per App als niedrigschwellige Möglichkeit, sich selbst zu zeigen und validieren zu lassen sowie mögliche Partnerinnen und Partner zu begutachten. Dieser Hintergrund der Möglichkeiten schwingt auch in Paarbeziehungen mit. Ist in der intimen Beziehung Streit oder werden Bedürfnisse nicht erfüllt, kann man unauffällig und wiederum niedrigschwellig die Bedürfnisse auslagern (Döring, 2019). Genauso können

Außenbeziehungen initiiert werden, die im digitalen Raum verbleiben (Sexting), oder auch solche, die darüber hinaus reichen. Ob durch das Dating per App Außenbeziehungen wahrscheinlicher gemacht werden, bleibt bis dato unklar; klar ist, dass der Hintergrund der vielen Alternativen mitschwingt, ob man online datet oder nicht – jede und jeder weiß um die Möglichkeit.

Wie auch früher bei Zeitungsannoncen (Reichertz, 1991) hat das asynchrone Dating eine *soziale Funktion* für Beziehungen. Wurden früher die Chiffrebriefe im Freundeskreis vorgelesen, ist es heute das gemeinsame Chatten und Swipen. Sozialer Druck und der Neid auf die spannenden Erlebnisse von Bekannten sind nicht umsonst Motive zur Nutzung der Apps, und nicht wenige Nutzerinnen und Nutzer berichten, dass Bekannte ihnen die Applikation empfohlen oder direkt eingerichtet haben. Es wird auch gemeinsam geswiped, als soziale Aktion, oder das Auswählen für Freundinnen und Freunde übernommen, wodurch sich ein Austausch über mögliche Partnerinnen und Partner und sicherlich Nähe herstellt; neuere Applikationen greifen das mitunter auf, etwa bei blindmate wählen die Freundinnen und Freunde potenzielle Partnerinnen und Partner aus.

»Jemanden in der Bar anzusprechen, ist unangemessen«

Nicht zuletzt gibt es auch *sozial-gesellschaftliche Faktoren*, die mobiles Online-Dating populär und die Nutzung nachvollziehbar machen. Soziale Räume, in denen sich Subjekte annähern können, sind komplex, uneindeutig, normativ-diskursiv geladen und werden mitunter als bedrohlich wahrgenommen (Maitra et al., 2023). Aus der Subjektperspektive schließt sich der öffentliche Raum vermehrt und wird für die Initiierung von Beziehungen als unpassend konstituiert. Das betrifft beispielsweise eine Veränderung der *Kultur im Nachtleben*. Geschlossene Gruppen gehen gemeinsam aus und Menschen machen sich wenig ansprechbar, auch wegen des Erlebens von Übergriffen und selbstverletzendem Verhalten (Übertreten eigener Grenzen, z. B. aufgrund von antizipierter Erwartung, wie Sex haben, den man nicht wollte) (Petersen et al., 2023).

Simmel (1919) nannte es den »koketten Blick«, der zum Ansprechen aufforderte. Der scheint heute wenig(er) geworfen zu werden, zumindest aber wird das öffentliche Flirten neu verhandelt. Das mag auch daran liegen, dass das Flirten eine subtile Angelegenheit ist (Gersick & Kurzban, 2014) und dass ein früheres kokettes »Nein« nach dem Prinzip »Nur Ja heißt Ja« und dem Einfluss von #metoo als Abweisung stehen bleibt (und bleiben muss) und neue gelingende Kommunikation noch Wege sucht. Entsprechend ändern sich auch *Normen*. Im heterosexuellen Setting erleben Männer es als risikoreich, Frauen im öffentlichen Raum anzusprechen, und fürchten, Grenzen zu überschreiten; andere wenden sich generell vom Nachtleben ab, zum Beispiel über die Lebensspanne und durch Veränderung von Interessen (Vaadal, 2021).

Nicht zuletzt verändert sich die Ausgehkultur mit den finanziellen Möglichkeiten und Angeboten, und auch die Covid-19-Pandemie hat einen Beitrag »geleistet«, weil in dieser Zeit der Kontakt mit anderen als gesundheitsgefährdend und verboten erlebt wurde. Während das Einzelne regelrecht anspornte, erst recht zu daten, sich zu widersetzen und auch zu sehen, ob und wen man trotz vermeintlicher Gefahr zu Dates bewegen konnte, führte es bei den allermeisten zu geringerer

Datingaktivität und weiterem Entwöhnen von Kontaktaufnahmen im öffentlichen Raum (Kohls et al., 2021).

Ein differenzierter Markt bietet Passgenauigkeit

Neben naturwüchsigen Einflüssen wie der Pandemie und den sich verändernden Normen stellt auch die *Industrie* eine Größe im Nutzungsverhalten dar. Mobiles Online-Dating ist ein Business Case mit 287 Millionen Umsatz in 2023 in Deutschland (Statista, 2023a). Für die Anbieter der Apps gilt es, die Subjekte online zu halten, deshalb wird mit Algorithmen, Werbung und Gamifizierung gelockt und genudged (Sharabi & Timmermanns, 2021). Auf dem Dating-App-Markt bildet sich auch ein differenziertes Anbieterfeld aus mit spezifischen Applikationen für Gruppen und Interessen.

Tatsächlich ist zu beobachten, dass sich Nutzerinnen und Nutzer entlang von Anwendungen und basierend auf Milieus, demografischen Merkmalen und Interessen sortieren, wobei Erfolg und sozialer Ausschluss eine Rolle spielen (Gal-Or, 2020). Aber mehr noch, es bildet sich auch eine Industrie um das mobile Online-Dating, mit themenspezifischen Accessoires für Hochzeiten (Duguay, 2017) und für Neugeborene, aber auch angegliederte Applikationen für mehr Sicherheit, Dating Coaches, Fortbildungen und Diskursinhalten (Rochadiat et al., 2020).

2.4 Auswirkungen auf das soziale Selbst

Die beschriebenen Funktionsweisen, Nutzungsgewohnheiten und Bedingungen beim mobilen Online-Dating sind für das soziale Selbst (Gergen, 1996, 2011; Morse & Gergen, 1970) bedeutsam. Als solches ist das Subjekt im sozialen Kontext eingebunden und konstituiert Selbstwert, Selbstbewusstsein und Rolle im Zusammenhang mit anderen, im Vergleich zu anderen und durch Spiegelungen von anderen. Beim mobilen Online-Dating sind dies die optimierte Selbstpräsentation, Misstrauen gegenüber anderen und gegenüber Verbindlichkeit, Ghosting und das Spezifische am dichotomen und ständigen Feedback Fremder, Produktförmigkeit in Bezug auf den Dating-Markt und ökonomischen Markt, das Verfügbarmachen des Selbst sowie die Lebensgestaltung und der rationalisierte Hunger nach Begegnung.

Konfrontiert mit dem selbstentworfenen Ideal

Die Asynchronität im Profil (Text und Bild) und der textbasierten Annäherung per Chat führen im Datingprozess in der Regel zu einer *optimierten Selbstpräsentation* (Ward, 2016). Es wird dabei ein idealisiertes digitales Spiegelbild des Selbst entworfen (Schlechter & Grenz, 2021). Das kann auf der einen Seite spielerisch, kreativ und einladend sein, aber auch problematisiert werden, wenn es bis zur Täuschung betrieben wird.

Am meisten modifiziert werden Größe, Alter, Gewicht, gesuchte Begegnungsform, Angabe zu Kindern und Beziehungsstatus, Bildung, Foto und Geschlecht (Zillmann, 2016). Die verzerrte Selbstdarstellung zwischen kleiner Optimierung bis hin zur Unwahrhaftigkeit kann auch problematisch in Bezug auf das Selbst sein, dem bewusst ist, dass es weniger ideal als der Selbstentwurf ist, und in Bezug auf die anderen, deren Reaktion man ausgesetzt wird, sollte es zum Treffen kommen. Diese Aushandlung zwischen Sich-selbst-Riskieren, indem man sich online möglichst realistisch abbildet, und dem Wunsch, in einer intimidierenden und verletzenden Sphäre gut davonzukommen, ist die fortlaufende Hintergrundmusik beim mobilen Online-Dating.

Obacht vor der Online-Dating-Falle

Die eigenen Optimierungspraktiken werden auch für alle anderen angenommen – man geht davon aus, dass das alle machen, und beäugt die anderen entsprechend skeptisch. Bedrohlich wirkt es dann, wenn es zu *Misstrauen* gegenüber anderen führt. Ist ein Filter sichtbar, werden beispielsweise Schlüsse über ein defizitäres Äußeres geschlossen, wodurch sich über die Zeit eine grundsätzlich skeptische Haltung gegenüber den anderen und der eigenen Integrität ausbilden kann, die sich auch kollektiv in der Stereotypisierung und der Art, über das verallgemeinerte Gegenüber zu sprechen, niederschlägt. Dann wird beispielsweise vermutet, jede Person mit Schwarz-Weiß-Filter sei hässlich oder alle beim mobilen Online-Dating würden lügen, und nicht selten wird Betrug in der Form von *Catfishing* unterstellt oder erlebt (Lauckner et al., 2019).

Die Furcht vorm Catfishing – also in eine Falle zu tappen – reicht dann von kleinen Optimierungen, über die man sich ärgern könnte, bis hin zur Vermutung von finanziellen oder körperlich gefährdenden Situationen. Das geht von vermuteter Prostitution über Bitcoin Scam bis zur Vergewaltigung. Auch hier zeigt sich, dass dem eigenen Vermögen, sich später im Datingprozess abzugrenzen, einiges Misstrauen entgegengebracht wird. Denn wer sich vertraut, der braucht vor einem äußerlich etwas unsymmetrischeren Date eigentlich keine Angst zu haben. Aber es zeigen sich auch die gefährdenden Aspekte anonymer Datingkontexte.

Verfestigte Unverbindlichkeit

Als weitere Form des Misstrauens fügt sich das Misstrauen gegenüber der *Verbindlichkeit* kommunikativer Signale und Annäherung ins Bild. Matches, Chatkontakt, aber auch Dates verlieren in der Parallelität und beschleunigten Serialität an Verbindlichkeit. Ein Match ist einerseits bedeutsam, denn ohne ist kein Kontakt möglich, und das Ausbleiben von Matches ist ein eindeutiges Feedback, dass man abgewählt wurde. Andererseits haben die Matches, die glücken, aufgrund fehlender Verbindlichkeit gleichzeitig geringe Bedeutsamkeit. Viele Matches werden kommentarlos wieder aufgelöst, bleiben im Hintergrund bestehen, dienen aber keiner Kontaktaufnahme per Chat, und selbst wenn Kontakt aufgenommen wird, ist es noch wahrscheinlich, dass dieser wieder abbricht.

Alle Beteiligten sind sich folglich klar darüber, dass Dates und Kontakt einseitig, ohne Vorwarnung und ohne Feedback, als Ghosting abgebrochen werden können – oft und jederzeit. Was die Konfrontation des Schlussmachens erspart und beispielsweise als Strategie zum Deeskalieren verwendet wird (Collins et al., 2023), ist bedeutungsschwanger für das Selbst. Man nähert sich also einander an unter der ständig mitschwingenden Wahrscheinlichkeit der Beendigung des Kontaktes durch eine oder einen der Beteiligten; und wenn das passiert, passiert es feedbacklos. Das gilt auch beim Auswahlprozess. Weder beim Matchen und dem ausbleibenden Match, noch beim Auflösen von Matches und Ghosting bekommt man einen Grund geliefert oder klärt mögliche Missverständnisse. Das Feedback ist dichotom – Like oder Dislike.

Das Selbst füllt diese Lücke mit eigenen Annahmen, meist Narrativen, die im Vorhinein bereits bestehen und selten positiv sind. Die *Attribution* ist dann selten external und flexibel, sondern oftmals internal und rigide. Das Subjekt fühlt sich bestätigt, wenig liebenswert, zu korpulent, zu groß oder zu klein, zu wenig lustig oder schlicht zu makelhaft. Liegt der Kontaktabbruch aber wirklich an diesen Zuschreibungen über das Selbst? Wahrscheinlich nicht. Wie bereits festgestellt sind viele Datende nicht Single, haben alle auf »Ja« geswiped, treten vielleicht gerade in eine Beziehung ein, löschen die Applikation und vieles mehr. Was würde es mancher Person helfen, wenn das mitgeteilt worden wäre und man dem Inhalt der Mitteilung Glauben schenken würde?

Die kognitive Suche nach leiblicher Erfahrung

Mit dem Finden eines Partners oder einer Partnerin geht auch heute noch die *Idee von Liebe* einher, bei der sich auf eine intuitive und bestimmte Unbestimmtheit berufen wird – entgegen der Tendenz, in der Welt Kognition und Emotion zu trennen (Danziger, 1997) und neu zu denken, schreiben sich frühere Ideen weiterhin fort (Gergen & Gergen, 1995). Man »erkennt« den oder die Richtige und kann anders die perfekte Passung auch kaum beschreiben (Degen et al., 2024b; Jergus, 2011). Bei analogen Treffen ist die Begegnung dabei von einem haptischen Gesamteindruck des anderen mitsamt *Leiblichkeit* in der körperlichen Begegnung und der damit verbundenen Intuition begleitet. Die Leiblichkeit ist beim Online-Dating beschnitten, das Suchen wird kognitiv, also rationalisiert, und um das Körperwissen beschnitten. Im Versuch, das zu kompensieren, werden dann beispielsweise viele Dates abgehalten, um dort den körperlichen Eindruck zu gewinnen. Dies führt aber eben auch zu einer hohen Frequenz von Dates und zu einer Aneinanderreihung von Enttäuschungen mit für viele unangenehmen Situationen, bei denen schon auf den ersten oder zweiten Blick sofort klar wird: Das passt (doch) nicht, man muss nun aus der Situation wieder herauskommen, und die zuvor investierte Zeit und Hoffnung waren (nun wieder) vergebens.

Ambivalente Erwartungen

Insgesamt führen diese Bedingungen dazu, dass Hoffnung und Freude über einzelne Matches niedrig gehalten werden und der Auswahlprozess zügig und mit geringer Investition abläuft – anders macht es in dem Setting keinen Sinn. Allerdings konditionieren sich Nutzerinnen und Nutzer auf diese Weise auf eine geringe Erwartungshaltung und rationalisieren, wie beschrieben, möglichen Enthusiasmus. Und mehr noch: Diese Rationalisierungen der Erwartungen gilt, während Subjekte in ihren Lebensbedingungen mit erlebter, neoliberaler Sinnlosigkeit konfrontiert sind (Plesa, 2021; Rose, 1989) und gerade im Dating eine Flucht aus der alltäglichen Tristesse sehen. So werden die Erwartungen und die Rolle des Dates gleichzeitig enorm hochgehalten und beim Date wird ein Raum gebildet, der von positiven Emotionen, Hoffnung und *transzendenter Erhöhung* gefüllt, *mit sinnstiftender Kraft* geprägt oder doch zumindest die prävalente Bedrückung mit Unterhaltung und geplotteter Romantik übertönt sein soll (Portolan & McAlister, 2022; Karandashev, 2023).

Das hässliche Selbst und die schönen Anderen

Die negativen Zuschreibungen zur eigenen Person gelten gleichzeitig mit einer antizipierten Idealisierung der Konkurrenz (»Die anderen sind sicher attraktiver«). Dies wiederum wirkt sich auf die *soziale Positionierung* und über die (antizipierte) Reflexion des Selbst auf den *Selbstwert* im sozialen Vergleich aus (»Ich kann hier kaum bestehen«). Beim mobilen Online-Dating sieht man nur die (optimierten) Profile, nicht die ganze Person, und die Konkurrenz kann man gar nicht einsehen. Beide werden idealisiert. Das ist aber ein qualitativ gravierender Unterschied zur Datingpraxis in einer Bar, in der man sieht, wer einem eine Abfuhr erteilt, und in der man auch die Konkurrenz wahrnehmen und sich dementsprechend sozial positionieren kann.

Reihenweise Abweisung

Diese Dating-App-spezifische Zurückweisung passiert fortlaufend und in großer Zahl, denn kompensiert wird mit mehr des Gleichen. Wer geghostet und gehostet wird, swiped, chattet und datet anschließend weiter! Neben der Kontaktaufnahme wird so quasi trainiert, feedbacklosen Kontaktabbruch (Trennungen) auszuhalten und selbst zu praktizieren, wodurch kollektiv ein Raum von Beziehungsanbahnung gebildet wird, bei dem Selbstpräsentation und Selbstoffenbarung jederzeit von *resonanzlosem Abbruch* bedroht sind. Nutzerinnen und Nutzer zeigen sich und bekunden Interesse, involvieren und riskieren sich (mehr oder weniger) und bleiben in der Regel feedbacklos mit alledem zurück, samt ihrer Hoffnung auf Transzendenz und Begegnung. Da wundert es nicht, dass mobiles Online-Dating als eine verletzliche Sphäre für das Selbst erlebt wird.

Das Selbst als Produkt

Aber nicht nur die *dichotome Bewertung* und die ständige Beziehungsbeendigung durch fremde (und uneinsehbare) Personen ist bedeutsam für das soziale Selbst (Peetz, 2021), auch erleben sich beim mobilen Online-Dating die Datenden als *produktförmig*. Man entwirft sich für einen Markt, beobachtet den Markt und unterwirft sich (oder widersetzt sich) den Logiken. Dabei hilft auch der Algorithmus. Beispielsweise kann das erfolgreichste Profilbild durch die Erfolgsquote ermittelt werden, und viele Applikationen geben Tipps zur Selbstdarstellung. Bestimmte Bilder funktionieren bei der schnellen Entscheidung besonders gut, weil sie beispielsweise eine implizite Sehgewohnheit[7] bedienen und so kategorisierbar sind, aber der Preis ist die Individualität, für die die Subjekte erkannt und gewählt werden möchten (Ward, 2016). Es stellt sich niemand absichtlich möglichst gleichförmig dar, nichtsdestotrotz scheint es Annäherungen in eine Gleichförmigkeit der Selbstdarstellung zu geben, wie die sehr ähnlichen Texte und Profilbilder nahelegen. Das zeigt sich auch darin, dass viele die Profile als gleichförmig oder langweilig wahrnehmen. Gleichermaßen behandelt man die anderen wie ein Produkt, beispielsweise durch eben diese Art der Bewertung. Auf diese Weise tritt die Individualität, quasi die Schönheit und Besonderheit der Einzelnen, in der Masse der ähnlichen Typiken in den Hintergrund.

7 Zur Konstitution von Bildern siehe Przyborski & Slunecko, 2020.

Das Selbst und der Business Case

Aber mehr noch: Neben dem Erleben, Produkt auf einem Dating-Markt zu sein, erleben sich Subjekte auch auf einem *ökonomischen Markt* mit den Interessen der dahinterliegenden Industrie. Der Business Case liegt darin, Menschen online zu halten (Aufmerksamkeit ist die eine Währung) und Bezahlfunktionen als Abo zu verkaufen (die zweite Währung) (Peetz, 2021). Die Nutzerinnen und Nutzer sollen suchen, und gerne viel, lange und wiederkehrend. Die Bezahlschranken unterscheiden sich leicht zwischen den Applikationen. So kann es etwa Geld kosten, mehr als 100-mal positiv zu swipen, Likes einzusehen, ohne selbst alle Profile swipen zu müssen, Entscheidungen zu revidieren und zurückzublättern, mehr Sichtbarkeit zu bekommen oder den Standort zu verändern, manchmal gar Chatanfragen überhaupt beantworten zu können. Männer werden im heterosexuellen Setting aufgrund der benachteiligten Position schneller zur Kasse gebeten als Frauen. Nutzerinnen und Nutzer bemerken, dass sie konditioniert werden, viel online zu sein. Durch Bezahlfunktionen, Nudging durch den Algorithmus und die Verwendung von Chatbots und Fakeprofilen erleben Subjekte, dass ihre Suche nach Beziehung und das urmenschliche Bedürfnis nach Kontakt für ökonomische Zwecke genutzt werden – ihre Bedürfnisse werden zum Mittel zum Zweck.

FOMO und Verfügbarkeit

Durch die Schnelllebigkeit und die Wahrnehmung des hohen Konkurrenzdrucks machen sich die Nutzerinnen und Nutzer *verfügbar* – man möchte nichts verpassen, und die Applikationen und das Auswahlverhalten der anderen üben Druck aus. Ausbleibende (umgehende) Chatantworten werden dann schnell als Desinteresse interpretiert, und auch im Chat gibt es viel Raum für Projektion und Interpretation, bei der immer auch Misstrauen und Unverbindlichkeit mitschwingen. So zeigt man sich verfügbar, aber verlangt auch Verfügbarkeit von den anderen, was sich dann wiederum auf das Stresserleben auswirken kann, auch und paradoxerweise, obwohl sich viele wünschen, weniger verfügbar zu sein, und sogar, dass andere weniger verfügbar wären und insgesamt Notifikationen und Forderungen über die Applikation weniger Raum einnehmen würden.

Der (mangelnde) positive Spillover-Effekt

Nicht nur die Verfügbarkeit wirkt sich auf das Selbst aus, auch die mobile Online-Dating-Praxis an sich. Denn sie kommt ohne positiven *Spillover-Effekt*. Während man offline erfolglos daten kann, dabei aber beispielsweise Konzerte besucht, Nächte durchtanzt, auf Reisen geht, den Sonnenaufgang beobachtet, mit Freundinnen und Freunden lacht und vielleicht auch neue findet – sich insgesamt also das Leben aneignet und ein lebenswertes Leben erlebt –, ist der Prozess des Swipens und Chattens in der Regel keine erfüllende Aktivität, zumindest nicht nach den ersten aufregenden Wochen. Stattdessen beschreiben Subjekte ausgiebiges Swipen schnell als verschwendete Zeit, deren Investition oftmals bereut wird. Prägnant formuliert: Kaum jemand hat einen erinnerungswürdigen Abend, alleine auf dem Sofa mit der Dating-App in der Hand (persönliche Konversation mit Andrea Kleeberg-Niepage, 15.09.2020).

2.5 Die »Tinder-Fatigue«[8] und negative Effekte mobilen Online-Datings

Wie sich zeigt, entstehen beim mobilen Online-Dating einige Paradoxien und Ambivalenzen für das soziale Selbst, bei denen sich Absicht und Wirkung mitunter widersprechen, sogar ausschließen und zu Dilemmata führen. Dabei gilt: Niemand ist im mobilen Online-Dating unterwegs, um absichtlich anderen oder sich selbst Schaden zuzufügen, sondern handelt aus gutem Grund – »for good reason«[9]. Die jeweiligen zugrundeliegenden Strategien sind dabei unmittelbar sinnvoll, aber haben mittelbar negative Auswirkungen, und mehr noch: Sie erschweren in der tausendfachen Wiederholung kollektiv eine gelungene Begegnung und führen insgesamt zur Erschöpfung. Die Tinder-Fatigue gründet sich dabei auf den etablierten Praxen, also dem, *wie* Bedeutung zugeschrieben und gehandelt wird. Es liegt also in der kollektiven Wiederholung, alle haben einen Anteil bei der Reproduktion. Was erschöpft also?

Die vielen Anderen

Beim Swipen durch mögliche Matches werden in der Regel viele (bis zu Hunderte) Entscheidungen aneinandergereiht. Das ist für das Gehirn energie- und zeitaufwändig. Aber nicht nur die vielen Entscheidungen sind anstrengend, auch die Anzahl an entstehenden Matches überfordert. Genannt

---

8 Genauer: Mobiles-Online-Dating-Erschöpfung. Tinder wird hier synonym für Dating-Apps genutzt, da »Tinder-Fatigue« ein öffentlich gebrauchtes Begriffspaar ist.

9 Vertiefend zum »reasonable subject« siehe Schraube & Højholt, 2019.

wird das *Choice Overload* – also Überforderung durch viele Wahlmöglichkeiten –, wobei sich auch ein negativer Effekt bei der Bewertung der Profile zeigt: Je mehr Optionen sichtbar werden, desto härter wird selektiert und desto negativer werden die anderen bewertet, bis sich eine generell *ablehnende Haltung* entwickeln kann (Pronk & Denissen, 2019; Cummings & Mays, 2021).

Das Sammeln von vielen Matches bringt aber noch weitere Herausforderungen mit sich. So zeigt sich, dass Nutzerinnen und Nutzer ein *schlechtes Gewissen* haben, wenn sie Chatanfragen nicht oder nur standardisiert, nebenbei, verkürzt oder verzögert antworten oder Matches wieder auflösen. Man ahnt, was man den anderen damit antun mag. Es zeigt sich eine Art *Mitgefühl* – besonders mitleidig wird es gegenüber denjenigen, denen man geringen Datingerfolg zuschreibt. Nutzerinnen und Nutzer kommen dann in die Lage, dass sie das eigene soziale Verhalten nicht mit ihrem antizipierten *Selbstbild* zusammenbringen können. Sie möchten keine Enttäuschungen verursachen und prinzipiell lieber allen gerecht werden. Da das bei gleichzeitigem Beibehalten der Swipegewohnheiten nicht umsetzbar ist, zeigen sich Dissonanzen zwischen dem eigenen Anspruch und dem gezeigten Verhalten anderen gegenüber. In Bezug auf sich selbst entsteht gleichzeitig auch Stress, dass Chancen durchrutschen könnten, etwas übersehen oder verpasst wird.

Hart im Ton: Es geht rau zu beim Online-Dating

Auch beim Chatten kommt es zu Reflexionen und Dissonanzen. Bezogen auf die *kommunikativen Strategien und Traditionen* bedauern Subjekte, was sie erleben und wie sie sich selbst verhalten – also die *Tonalität* in der Begegnung. Der Ton ist rau beim mobilen Online-Dating, tatsächlich zeigt sich auch antisoziales Verhalten (Duncan, & March, 2019; Kirkegaard, 2018). Dies begründet sich unter anderem in erlebter und antizipierter Enttäuschung und Verletzung und führt mithin zu Grenzüberschreitungen (Reed et al., 2020) sowie gruppendynamischen Abwertungen. Dies zeigt sich auf direkte Art durch Abwertungen, auf indirekte Art durch Ignoranz und lieblose Kommunikation (»warmhalten«, ohne sich zuzuwenden).

Die etablierten Kommunikationsweisen wirken über das Umfeld des mobilen Online-Datings hinaus. So berichten Nutzerinnen und Nutzer beispielsweise, dass sie bei sich und Freundinnen und Freunden generelle Veränderungen in der Tonalität beobachten, etwa verringerter Respekt gegenüber befreundeten Personen in Chats und Unterhaltungen. Man kann spekulieren, dass sich negative Effekte in der Gesprächskultur und den Umgangsformen weit über die Dating-Apps hinaus etablieren, manche Forschung versucht dies auch zu bestätigen (Stoicescu, 2019). Oftmals zeigt sich allerdings zumindest in der expliziten Reflexion, dass die Nutzerinnen und Nutzer ihr Verhalten wieder ändern (möchten).

Der raue Ton online wird bidirektional etabliert, geht also von Anschreibenden wie Angeschriebenen aus und tritt bei Aktion und Reaktion auf. Im Chat kann es harsch zugehen und mit Vulgarität und Abwertungen begonnen werden (»You are thicker than the social devide in the US«, »Schick mir ja kein Schwanzbild!«). Aber auch andersrum werden auf zunächst unscheinbare oder unmittelbar freundlich wirkende Anfragen harte Antworten formuliert (»Danke für die Nachricht, du hast scheiß hässliche Haare«).

Dabei spielt ausbleibender Konsens eine große Rolle (Furlo et al., 2021). Wie bereits beschrieben, sind die Motive für mobiles Online-Dating vielfältig. Gelungen kommuniziert wird darüber zu selten. Wer jemanden sucht, der oder die auch gerne Bilder von Genitalien erhält und diese vielleicht auch erwidern mag, könnte das erfolgreich über Dating-Apps tun. Nun kann nur spekuliert werden, ob es beim unaufgeforderten Genitalienbild weniger um Zeigefreude, sondern gerade um den ausbleibenden Konsens und den Übergriff geht.

Statt konstruktiv und zielführend über Motive und Bedürfnisse zu kommunizieren, gibt es unzählige Anekdoten misslingender Kommunikation, die weitreichende Folgen haben, ohne dass einer Seite fehlende Integrität unterstellt werden muss (in manchen Fällen allerdings unterstellt werden könnte, denn es zeigt sich *auch* einiges an Utilisieren zwischen mobil online Datenden, geringe Moral und Verständnis gegenüber anderen und im Perspektivwechsel); beispielsweise kann es für eine Person Ende Dreißig, die noch Familie gründen möchte, folgenschwer sein, wenn sie an ein Match gerät, das nur Sexting sucht und dann auch betreibt. Alleinerziehende können für jemanden, der sich gerne um Kinder kümmert, aber selbst keine hat oder keine haben kann, ein Geschenk sein, verheimlichte Kinder hingegen ein wirklich schlechter Start in eine Beziehung. In nicht wenigen Fällen wird so *»aneinander vorbei gedatet«*.

Derlei kommunikative Handlungen sind bedeutungsvoll, können verletzend für alle Beteiligten sein und provozieren mithin eine *Abwärtsspirale der Enttäuschung* zwischen Subjekten und in der Verlängerung auch Gruppen. Dies zeigt sich konkret (»Der/Die war ja ätzend«), dann kontextuell generalisiert (»Bei Tinder sind alle scheiße«) bis zur generalisierenden Verallgemeinerung (»Alle Männer sind Schweine und verschwenden meine Zeit«, »Frauen kann man nicht trauen«).

Die entstehenden stereotypen Zuschreibungen perpetuieren nicht nur unerwünschte Erfahrungen, sie reproduzieren auch negative Dynamiken, wie etwa die harte Tonalität, wenig Vertrauen und daraufhin noch mehr Zurückhalten von Informationen. Das Subjekt erlebt dann nicht nur, dass es vom Gegenüber wenig oder Schlechtes erwartet, ist dann skeptisch und auf der Hut, sondern erlebt sich auch andersherum als von geringem (individuellem) Wert, bekommt gespiegelt, dass auch andersherum wenig oder Schlechtes erwartet wird. Alle lauern und warten darauf, wann das Gegenüber enttäuscht. Die Auswirkungen von negativen Erwartungshaltungen anderer sind bekanntermaßen weitreichend, sie werden internalisiert, beeinflussen die Selbstwahrnehmung und das Selbstwertgefühl der Beteiligten und wirken sich mittels abnehmender Leistung, Wahrnehmung negativer Erfahrungen bis amoralischem Verhalten und schlechterer Bewertung von anderen aus (Jones, 1977; Rosenthal, 1987).

Der Stress des schönen Profils

Wie oben beschrieben, tendieren Subjekte dazu, sich beim Dating möglichst positiv darzustellen, also zu optimieren. Im Digitalen gibt es beim Foto technische Möglichkeiten über Filter, Equipment sowie Nachbearbeitung und »gute Winkel« (lucky shots). Es wird also ein *optimiertes Bild des Selbst* entworfen, man stellt sich dar, wie man gerne wäre und wie man denkt, dass es gut ankommt. Das Selbst (salopp gesagt: wie es halt so ist) wird gleichermaßen als *defizitär* wahrgenommen und damit auch konfrontiert (»Ich muss mich schöner darstellen, als ich bin«, und auch: »Schau mal, wie viel Erfolg und Anerkennung ich haben könnte, wäre ich tatsächlich so schön«). So zeigen sich messbar negative Effekte auf Körperschema, Gemütsschwankungen, erlebte Einsamkeit und Essstörungen (Portingale et al., 2022).

Neben den psychischen Auswirkungen beeinflusst dies auch das Verhalten und die physische Verkörperung, entweder in antizipierter Form (es ist geplant, noch etwas abzunehmen, Haare zu züchten) oder aber es wird faktisch etwas am Erscheinungsbild optimiert (»Wegen Online-Dating habe ich 10 Kilo abgenommen, seitdem läuft es besser«). Und natürlich geht das auch weiter, nicht umsonst wird die plastische Chirurgie und nicht-invasive Schönheitsbranche vermehrt mit dem Auftrag betraut, das Gesicht oder den Körper einem digitalen Filter oder anderen technisch optimierten Figuren anzugleichen (Atiyeh et al., 2021).

Angst vor Begegnung

Die optimierte Darstellung stresst aber auch in Bezug auf das konkrete Dating. Sobald ein Date zustande kommen soll, steht an, mit der Reaktion des Gegenübers auf die eigene Leiblichkeit konfrontiert zu werden. Es wird als bedrohlich und schmerzhaft erlebt, wenn man *Enttäuschung* im anderen vermutet oder wahrnimmt. Dieses Setting führt zu Nervosität im besten Fall und Ausweichverhalten im schlechteren Fall – man datet gar nicht, obwohl man nur deshalb registriert ist. So zeigt sich, dass Selbstzweifel ein oft genannter Grund sind, um Dates nicht zustande kommen zu lassen oder (kurzfristig) abzusagen. Man handelt mit sich selbst mehr Zeit heraus, um sich noch zu optimieren, und schiebt die physische Begegnung in die unbestimmte Zukunft; (Er-)Leben wird dann auf einen noch zu erreichenden, optimierten Zustand verschoben.

Neben antizipierter oder subtil gespiegelter Enttäuschung in den Augen des Gegenübers kann es dabei auch explizit und konfrontativ zugehen; beispielsweise, wenn beim ersten Treffen in Sichtweite auf dem »Absatz kehrt« gemacht wird (das kommt vor). Weniger plakativ, aber ebenfalls als erniedrigend erlebt wird beschrieben, wenn wahrzunehmen ist, dass das Gegenüber nur aus Höflichkeit noch eine Weile beim Date bleibt.

Eine Strategie, um derlei Situationen zu verhindern, ist das explizite Zeigen vermeintlicher Makel im Profil. Dies verringert die Furcht der physischen Begegnung, führt aber mitunter zur *Fetischisierung*, bei der das Subjekt dann nur wegen der (oft körperlichen) Spezifika gesehen und gedatet wird. Das betrifft besonders Korpulenz, aber auch Behinderungen und Transidentität und wird als verletzend und dilemmatabehaftet erlebt.

Erwartungsmanagement: Wer nichts erwartet, wird trotzdem enttäuscht

Die Krux mit der optimierten Selbstdarstellung ist auch andersherum und in Bezug auf das Selbst relevant. Vor dem Date wird nicht nur die Unsicherheit, ob das Gegenüber spiegelt, dass man selbst »gut genug« ist, relevant, sondern auch, inwiefern das Gegenüber dem online gewonnenen Eindruck entspricht – vermutet wird eine Datingfalle. Deshalb herrscht eine grundlegend skeptische Haltung gegenüber anderen, deren Profilen und Selbstdarstellung (»Wenn da schon 'nen Filter drauf ist, weißt du, die ist hässlich«). Fällt beim Treffen auf, dass das Aussehen nicht den Erwartungen entspricht, gilt es, aus der Situation wieder herauszukommen.

Wie bei allen Dating-Situationen spielt dabei auch das Dilemma mit den Vorlieben eine Rolle, und manche fragen sich, ob ihr eigenes *Selektionsverhalten* moralisch gesehen in Ordnung ist. Die Dating-Applikationen reagieren darauf. So gab es einige Versionen, in denen eine Vorselektion nach Ethnie möglich war. Diese Funktion ist wieder vom Markt verschwunden.

Aber auch ausbleibende Matches, fehlende Chatresonanz und wiederholt nicht erfolgreiches Dating stressen, nicht nur in Bezug auf die eigenen (unerfüllten) Erwartungen und Ansprüche, sondern auch aufgrund des sozialen *Vergleichs mit dem Umfeld* – es wird sich mit Peers und dem antizipierten Erfolg anderer verglichen.

Bitte attraktiv, gesund und unkompliziert

Dies trifft auch benachteiligte Gruppen. Mobiles Online-Dating ist eine *diskriminierende Sphäre*, bei der sowohl marginalisierte Gruppen (Carlson & Day, 2021) als auch schlicht diejenigen, die lediglich durchschnittlich (oder noch darunter) symmetrisch und mit höchstens durchschnittlichem Kapital ausgestattet sind, viel Ablehnung erfahren. Bis zur Lebensmitte erleben vor allem Männer dabei fortwährend Ablehnung (Andrighetto et al., 2019; Stoicescu, 2022). Zur messbaren Diskriminierung zählen auch die Facetten Rassismus und Objektivierung sowie darauf folgende Selbstobjektivierung (Lauckner et al., 2019; Xu & Zheng, 2022). Manche konkludieren, Spaß mache Dating per App den Top 30 Prozent der Frauen und den Top 10 Prozent der Männer, und es ist ganz sicher eine Sphäre der *Attraktiven, Gesunden, Fröhlichen und Unkomplizierten*. Das mag schön aussehen – alle scheinen (halbwegs) attraktiv –, macht aber auch Druck, ist unrealistisch und trägt sicherlich zu den negativen Effekten auf den Selbstwert bei. Diskriminierung und Abwertung, die im Online-Dating erlebt und reproduziert werden, hinterlassen Spuren im individuellen und kollektiven Bewusstsein, und mobiles Online-Dating wird mitunter generell als demütigend oder als beängstigend erlebt (Adamczyk et al., 2022b; Haywood, 2018).

Online-Dating-Sex: Inkorporierte Skripte und Entfremdung

Kausalität kann nur vermutet werden, wenn sich gleichzeitig zeigt, dass Nutzerinnen und Nutzer eigene *Grenzen überschreiten*, sich zu wenig abgrenzen, eigenen Bedürfnissen und ihrer Intuition nicht folgen und sich damit selbst verletzen. Das zeigt sich online wie offline. Online werden aus Verpflichtungsgefühl oder mangelnder *Trennungskompetenz* (z. B. durch das Akzeptieren nicht-konsensuellen Sextings) Grenzüberschreitungen hingenommen. Man präsentiert sich besonders locker, sexuell offen oder unkompliziert, um positiv aufzufallen oder generell den antizipierten Erwartungen anderer zu entsprechen.

Offline zeigt sich, dass Nutzerinnen und Nutzer entfremdet daten und auch entfremdet intim sind. Sie handeln dann nach der erlebten Erwartungshaltung des Gegenübers oder auch nach inkorporierten Normen und Traditionen und entgegen der eigenen Bedürfnisse und Intuition. Das betrifft *Skripte für Dating, aber auch Sexualität und Rollenverhalten* (Comunello et al., 2020), und kann beispielsweise bedeuten, dass zu Dates eingewilligt wird, die eigentlich zeitlich oder aus anderen Gründen nicht passen, dass Dates nicht abgebrochen werden, obwohl man sich unsicher, unwohl, gelangweilt oder verärgert fühlt und man sich gefährdend verhält (einwilligt, sich an Orten zu treffen, die einem nicht lieb sind).

Und das zieht sich bis in die sexuelle Intimität, bei der aus antizipierten Skripten nicht ausgebrochen wird. Männer wie Frauen haben bemerkenswert viel Sex, den sie eigentlich nicht wollen und nicht genießen, ohne dass es sich um sexualisierte Gewalt handelt. Beschrieben wird diese Art Sex als *Tindersex*, der vor allem mechanisch und ohne die erwünschte Intimität verläuft. Das ist keine moralische Bewertung, Nähe könnte auch für eine kurze Zeit entstehen. Allerdings wird dies verfehlt, beispielsweise durch Performativität oder Fokus auf das Äußere, eben weil sich beide oder alle Beteiligte noch im »Präsentationsmodus« befinden und möglicherweise die Ziele und Erwartungen nicht explizit gemacht haben oder in der Technisierung sexueller Praktiken nicht herstellen können. Dies wird als wenig erfüllend beschrieben und geht oft mit Scham und Reue einher.

Einige Studien zeigen, wie die starke Orientierung an der erlebten Erwartungshaltung der anderen mit *Vulnerabilitäten* wie sozialer Angst und Orientierung an externaler Validierung einhergeht (Pitcho-Prelorentzos et al., 2020). Hier offenbart sich allerdings wieder ein Missverständnis, das in den heutigen Diskursen schwer zu formulieren ist; nicht selten ist zu beobachten, dass sich sexuell liberalisiert und locker gezeigt wird, um Beziehung herzustellen. Dies führt aber in der wieder aufkommenden Stereotypisierung nicht selten zum Gegenteil, nämlich zu Entwertung.

Gefährdung und Prävention

Und mehr noch: Es zeigt sich auch gefährdendes Verhalten. Ohne Opfer zu beschuldigen, kann angemerkt werden, dass sich eine Mehrheit an Nutzerinnen und queeren Nutzerinnen und Nutzern mehrfach in gefährdende Situationen gebracht haben. Dazu zählt, sich spätabends an dunklen Orten wie leeren Parks zu treffen, ins Auto von Fremden zu steigen oder sich in Privatwohnungen zu treffen. Fast alle Nutzerinnen können von Episoden berichten, in denen sie sich plötzlich unwohl gefühlt haben, hinter ihnen die Wohnung verschlossen wurde oder sie im Nachhinein verwundert über ihre eigenen Entscheidungen waren. Vielen passiert dabei nichts, außer dass sie sich erschrecken. Mitunter wird allerdings spekuliert, ob das anonyme Dating nicht Gewalt, online wie offline, und Übergriffe möglich macht und verstärkt, indem es einen Ort für sexuelle Viktimisierung, Grenzüberschreitung und Gewalt bietet, wo Diskriminierung, Rassismus, Klassizismus, Sexualisierung und Aggression stattfinden, oder ob es sogar einen Weg zur sexualisierten Gewalt gegenüber Minderjährigen darstellt (u.a. Kaakinen et al., 2021; Filice et al., 2022; Waling et al., 2022). Das betrifft auch besonders vulnerable Gruppen, vor allem queere Menschen. Queerness wird oftmals deutlich angezeigt, um Übergriffen entgegenzuwirken, die durch ein Überraschungsmoment provoziert werden könnten. Gleichermaßen werden diese Angaben mitunter nicht nur zur Fetischisierung genutzt, sondern führen zu geplanten Übergriffen und gewaltvoller Online- wie Offline-Praxis (Phan et al., 2021).

Die Kapitalisierung der Beziehungssuche

Auch der *bemerkbare Business Case* wirkt sich negativ auf die Nutzerinnen und Nutzer aus. Zu erleben, dass menschliche Bedürfnisse nach Begegnung und Beziehung kapitalisiert werden, führt zu Misstrauen, aber auch zu Wut und Frustration gegenüber den Anbietern und zu Zweifeln, dass man selbst nur Mittel zum Zweck ist. Nutzerinnen und Nutzer beschreiben, wie sie genervt oder auch verzagt werden, wenn sie beobachten, dass der Algorithmus Profile rationiert, die Reichweite einschränkt oder vergrößert und man insgesamt konditioniert wird, online zu bleiben, und gelockt wird, für Services extra zu bezahlen. Erlebt wird dabei auch Catfishing vonseiten der Applikationen: Versprochene Goodies und Vorteile (»Wenn du die Goldversion kaufst, siehst zu 100 verborgene Matches«) lassen sich nach dem Bezahlvorgang nicht finden und manche erleben die Verträge als Abofallen.

Auch in Bezug auf die anderen spielt die ökonomische und quantifizierte Logik (Peetz, 2020, 2023) eine Rolle. Nutzerinnen und Nutzer fühlen sich mitunter austauschbar, bedeutungslos zwischen den vielen anderen oder wie ein Produkt, das ständig bewertet wird. Heino et al. beschrieben die sich entwickelnden marktförmigen Tendenzen schon 2010 als »Relationshopping«. Berücksichtigt man darüber hinaus das Kalkül der geringen Investition im mobilen Online-Dating, könnte man überlegen, es handele sich um die Suche nach einem »Schnäppchen« (Dröge, 2016; Dröge & Voirol, 2011, 2016). Das ökonomische Kalkulieren – nicht zu viel zu investieren, aber das Beste herauszuholen – wirkt allerdings insgesamt auf die Subjekte zurück, die dann sich und andere mitunter als »zu billig zu haben« erleben.

Suchtähnliches Verhalten

Obwohl das eigene Nutzungsverhalten stört, man viel mehr swiped, als man wollte, Besorgungen oder Arbeit vernachlässigt, mehr Geld investiert als geplant und budgetgerecht ständig zur App wiederkehrt, fällt es vielen schwer, sich zu lösen. Auch beim Nutzungsverhalten wird (zu wenig) auf das Selbst (Körpersignale, Lust/Unlust, eigene Ansprüche) gehört. Und: Obwohl ein hauptsächlicher Faktor für Stress und Belastung beim mobilen Online-Dating das *viele Swipen* ist, ist die Aufhebung des Limits an Likes der meistgenannte Grund für die Kaufversion der Applikation Tinder (Statista, 2022).

Neben diesen zwanghaften oder impulsiven Online-Verhaltensweisen zeigen sich auch suchtähnliche Tendenzen offline. Zum Beispiel, wenn es sehr schwerfällt, mit dem ständigen (und als langweilig oder erniedrigend empfundenen) Dating aufzuhören und stattdessen bei vollem Bewusstsein, dass es nicht guttut, weiter gedatet wird. Oder auch, wenn bei anderen Aktivitäten ständig an das Online-Profil gedacht wird, etwa bei Ausflügen im Freundeskreis, die sich dann um die Darstellbarkeit im Profil drehen (in Maßen unbedenklich, aber oft als einnehmend und dann mit Leidensdruck einhergehend berichtet). Bemerkenswert ist doch die Geschichte, in der eine Männergruppe das ganze Wochenende in einer Stadt in Osteuropa mit mobilem Online-Dating im Hotelzimmer verbracht hat.

Wenn das Dating per App kompetitiv wird zum angeeigneten Leben, geht das insgesamt mit negativen Effekten auf Wohlbefinden und Lebenszufriedenheit einher (Her & Timmermanns, 2020). Es kann konkludiert werden, dass ein vermehrtes Beschäftigen mit digitalen Applikationen tendenziell und abhängig von der Intensität nicht zu einem aktiven Lebensstil, körperlicher wie seelischer Gesundheit beiträgt. Und derlei Verhalten und Effekte indizieren tatsächlich suchtähnliches Verhalten (Bonilla-Zorita et al., 2021).

Die Abnutzung der Pull-Faktoren

Mobiles Online-Dating macht vor allem am Anfang Spaß. Berichtet wird von einer anfänglichen Spannung und einer innerhalb weniger Wochen abnehmenden Spannungskurve. Was am Anfang spaßig und aufregend ist, wird von (fast) allen Beteiligten schnell als ermüdend, frustrierend, inhaltslos, repetitiv und leer beschrieben. Die negativen Effekte dem Selbst und den anderen gegenüber manifestieren sich intra- und intersubjektiv, also im Wohlbefinden und sozialen Dynamiken, und führen zu einer erschöpften und negativen Haltung. Die dazugehörige Wahrnehmung, dass das mobile Online-Dating eine freudlose Angelegenheit sei (Zytko et al., 2018), gilt den Profilen, die als gleichförmig erlebt werden, den anderen, die als langweilig erlebt werden, und auch den gleichförmigen Dates, der Sexualität sowie dem Selbst, das sich dem Ganzen aussetzt und den eigenen Ansprüchen nicht gerecht wird.

Dabei mag man übergreifend von einer Entfremdung des Selbst und der Leiblichkeit sprechen, bei der kognitiv (verkopft und rationalisiert) gedatet wird, auf eine Art, die beim Online- wie Offline-Verhalten die Signale von Wohlbefinden und des Körpers ignoriert und so eine Beziehung lebt, bei der die intime Begegnung ausbleibt. Das Erleben von Entfremdung, der eigenen Praxis bzw. Vernachlässigung des Selbst, Grenzüberschreitungen plus Verletzung und Enttäuschung zwischen Subjekten und Gruppen und daraus resultierende Traditionen im Umgang lassen sich als »Tinder-Fatigue« zusammenfassen.

2.6 Das Resümee zur parasozialen Annäherung: Dating ohne Resonanz

Oben skizzierte Bedingungen, die Verhaltensweisen und Bedeutungen, die sich darin ausbilden, und resultierende Dynamiken ergeben insgesamt den *negativen Zirkelschluss des mobilen Online-Datings*. Als soziales Phänomen konstituiert sich darüber eine Datingkultur, bei der die Begegnung, nach der alle suchen, programmatisch erschwert wird; man datet im kollektiven Missverständnis aneinander vorbei. Man könnte salopp sagen: Der Wurm ist drin.

Im Prinzip sind Dating-Apps doch ein pragmatisches Tool, um mit vielen Menschen in Kontakt zu kommen, die sich Begegnung wünschen – das ist so.

Gestresst, gelangweilt, enttäuscht

Dating-App-Nutzung ist auf der Subjektebene eine ambivalente Angelegenheit. Es lockt mit Belohnung und drängt mit der Drohung, man könne etwas verpassen. Sicher ist, jede und jeder ist nur eine/r von vielen, und insgesamt gilt neoliberal: Man muss für sich ein gutes Leben hinbekommen, für viele zählt dazu eine Partnerschaft oder zumindest eine aktive Sexualität.

In der Praxis bilden sich dabei die oben ausbuchstabierten Strategien, die am Ende stressen, traurig machen, erschöpfen, gefolgt von Effekten, die sich negativ auf das Selbst auswirken: Man fühlt sich zum Beispiel gestresst, austauschbar, schlecht behandelt und missverstanden, gelangweilt und/oder enttäuscht. Kompensiert wird das wiederum über eine Verstärkung, also mehr des Gleichen.

»Zum Glück liegt es nicht an mir«

Um damit zurechtzukommen, wird das Selbst stabilisiert, indem der Misserfolg auf das verallgemeinerte Gegenüber projiziert wird und die anderen abgewertet werden (Hogg, 2001; Mummendey & Wenzel, 1999). Beim mobilen Online-Dating zeigen sich dahingehend negative Stereotypisierungen des anderen Geschlechts und bei queeren Gruppen der Gegengruppe (top vs. bottom, butch vs. femme). Die Stereotypen, die derzeit ein Revival erleben, konstituieren Männer als armselig (»Loser«), triebgesteuert (»Player«) oder gefährlich (»Täter«), in jedem Fall als emotional verarmt. Frauen gelten entweder als unattraktiv (»hässlich«), überanspruchsvoll und zickig (»entitled bitches«) oder umtriebig (»Schlampen«) und damit als wertlos. Hier zeigen sich archetypische Geschlechtsstereotype, die Erwartungshaltungen und Bewertungen anderer und Ideen von Beziehungen und Intimität beeinflussen. Ganz generalisiert klingt es dann so: »So eine von Tinder will man eigentlich gar nicht haben«,

»Die Kerle auf den Apps wollen alle Princesstreatment, das kann man vergessen.«

Das fühlt sich unmittelbar besser und aufwertend an. Im Nachspiel wirkt es sich aber dynamisch negativ auf die Beziehungen zwischen Subjekten, Gruppen und den Erfolg bei der Annäherung aus. Zum einen gehört man irgendwie auch selbst zu der Gruppe, zum anderen sucht man ja zwischen diesen Menschen nach Begegnung und dem oder der wertvollen Anderen. Damit geht auch eine heruntergespielte Erwartungshaltung einher, man versucht es kollektiv nicht zu ernst zu nehmen. Nur selten trifft man Menschen, die gerne zugeben, dass sie voller Erwartungen und hoffnungsfroh online daten, oder? Trotzdem wird weiter gesucht, und zwar nach der Ausnahme.

Der negative Zoom und die Suche nach dem Fehler

Die niedrige Erwartungshaltung soll vor wiederholter Enttäuschung schützen. Sie führt aber auch zu negativen Interpretationen von Verhalten und Potenzial anderer. Man wartet auf Fehler und sieht eben das schlechteste, wie im negativen Zoom. Das kann auch in Beziehungen passieren, hier geschieht es aber schon bei der Annäherung und kollektiv – man ist auf der Hut.

Etwaige Erlebnisse von verletzendem Verhalten anderer (die es auch gibt) potenzieren sich dadurch. Die schlechten Annahmen werden verstärkt. Dabei spielen auch die bekannten kognitiven Verzerrungen eine Rolle, man übersieht schneller das Gute, man bestätigt, überbewertet und erinnert das Negative und so weiter (Kruglanski, 1989). Und genauso erlebt man, dass einem die anderen mit der gleichen Haltung begegnen, mit antizipierter Enttäuschung und grundsätzlich drohender Abwertung.

Damit schwindet auch der Wille, sich zu riskieren, man versucht sich in diesem unangenehmen Milieu und unverbindlichen Settings zu schützen. Profile werden so beispielsweise gleichförmiger und Konversationen bleiben oberflächlich, man zeigt sich nicht. Subjekte betreiben Risikomanagement, denn auf dem Spiel steht nichts Geringeres als das Selbst!

Hyperstimuliert gelangweilt

Während also eigentlich nach positiven Emotionen gesucht wird, verbreiten sich negative Emotionen. Aber mehr noch: Die Praktik beim Dating per App nutzt sich ab und zu den negativen Emotionen gesellen sich *Leere und/oder Langeweile*. Mobiles Online-Dating kann im Prinzip als Super-Stimulanz verstanden werden (Aho, 2007; Simmel, 1995). Schnelligkeit, endlose Auswahl, Spielcharakter und Spaß gehören quasi zum Diktat; ständig lockt etwas Neues und alle Möglichkeiten warten buchstäblich hinter der nächsten Ecke.

Dabei wird gematcht, gechattet, gedatet und Sex gehabt. Für die, die damit erfolgreich sind, in relativ hoher Anzahl. Inmitten dieser Stimulanz und dem Versuch, etwas zu erleben, verliert sich die Spannung, die Praktik wird repetitiv und das Bedeutsame wird vom Unbedeutenden nicht mehr unterscheidbar. Dies gilt den Online-Praktiken, bei denen Profile als gleichförmig und Chats als langweilig beschrieben werden, aber auch den Offline-Praktiken. Während Kreativität und das Unerwartete als attraktiv gelten, scheint es ausschlaggebend, sich adäquat zu verhalten, um als attraktiv zu gelten, was Risikofreude mindern und Gleichförmigkeit wahrscheinlicher machen mag – ein Dilemma (van der Zanden & Schouten, 2023). So wird beispielsweise beschrieben, dass aus mobilem Online-Dating entstandene Dates so gleichförmig und charakteristisch seien, dass sogar Kellnerinnen und Kellner diese in Unterscheidung zu anderen Dates erkennen können (Weigel, 2016).

Und auch die sexuelle Zufriedenheit wird als unzureichend bewertet (Mignault et al., 2022). Der Sex wird als mechanisch und bedeutungslos beschrieben und das Subjekt wird mit einem Gefühl von Leere hinterlassen. Nicht wenige beschreiben dann, dass sie sich benutzt fühlen (von sich selbst, weil sie es nicht schaffen, Begegnung zu produzieren, und von anderen). Und oftmals wird sogar geäußert, man wünsche sich, die anderen oder man selbst wäre schwerer zu haben.

Resonanz lässt sich nicht swipen

Mobiles Online-Dating zeigt auf, wie Individualität und das Schöne in der Masse und der Wiederholung verblassen und Liebe als spontanes Gefühl sich dem Versuch, sie verfügbar zu machen, entzieht – Resonanz lässt sich nicht swipen (Rosa, 2019).

Es zeigt sich also: Auch wenn Begegnung gelingt, ist sie oftmals enttäuschend. Dates, Sex und Begegnung bleiben hinter den Erwartungen zurück bzw. bekräftigen die schlechten Erwartungen, die man an sie herangetragen hat.

Das Misslingen der Begegnung online wie offline führt dann zu drei typischen Schlussfolgerungen:

a) Misstrauen gegenüber dem Selbst und der Fähigkeit zu daten,
b) Misstrauen allen anderen gegenüber, echtes Interesse zu haben, beziehungsfähig zu sein und gute Absichten zu haben, sowie

c) Abwertung der Applikationen, die erfolgreiches Dating gar nicht befürworten können, da dann ihr Ziel, Nutzerinnen und Nutzer online zu halten, konterkariert würde.

Daraus wird dann geschlossen, mobiles Online-Dating wirkt der Beziehungsanbahnung und -aufrechterhaltung entgegen. Das mag sein, aber die Art, wie gedatet wird, ist auch eine selbsterfüllende Prophezeiung (Jones, 1977) und so eine freudlose Angelegenheit!

2.7 Ich matche, also bin ich? Subjektive Strategien im Umgang mit der Erschöpfung

Im Umgang mit der skizzierten Sachlage zeigen sich verschiedene Strategien. Häufig wird auf Misserfolg mit denselben Strategien reagiert, weiter swipen, weiter chatten, weiter daten, oder das Ganze noch verstärkt: mehr des Gleichen! Wenn die anderen eigentlich nichts wert sind, mag man fragen, *wieso* weiter gedatet wird. Die Antwort darauf lautet, dass man doch hofft, jemanden zu finden, der ganz anders ist, vielleicht ganz neu dabei oder zufällig, zum Beispiel für einen Freund oder eine Freundin. Zudem schwingen auch die urbanen Mythen im Hintergrund: Jeder und jede kennt mindestens ein glückliches Tinder- oder Grindr-Pärchen und sicherlich auch ein Tinderbaby, und wenn nicht, dann kennt man zumindest Geschichten davon. Und nicht zu vergessen: Es erscheint alternativlos.

Klüger als die App: Die strategische Nutzung

Andere wiederum geben ebenfalls die Hoffnung nicht auf, aber ringen mit dem Nutzungsverhalten. Nutzerinnen und

Nutzer haben nur eingeschränkte Einsicht und Macht über die Möglichkeiten in den Applikationen (Peetz, 2021), man ist den Funktionen und Angeboten ausgeliefert. Dennoch versuchen die Nutzerinnen und Nutzer, innerhalb ihrer Möglichkeiten möglichst klug zu handeln (Berger, 2023). Es werden Heuristiken angewendet, um den Algorithmus oder die anderen Nutzerinnen und Nutzer zu durchleuchten und sich dementsprechend klug zu verhalten. Beispielsweise werden Pausen eingelegt, damit die Applikation wieder mit »besseren« Matches zu locken versucht. Andere Strategien beziehen sich auf das eigene Verhalten und Wohlbefinden. Dann werden beispielsweise die Zeitfenster der Nutzung rationiert, die Applikationen deinstalliert (und re-installiert) und so versucht, die Zeit, die online verbracht wird, und den Sog, den die Nutzung ausüben kann, zu verringern.

Freiheitswiederherstellung: Dann lieber gar nicht

Eine kleine Gruppe von Nutzerinnen und Nutzern datet (erst einmal) gar nicht mehr. Dies ist vor allem interessant, weil man meinen könnte, diese Gruppe gehe zurück zum Offline-Dating. Das ist vielleicht auch die Hoffnung, explizit ausgedrückt wird allerdings, dass es offline nicht (mehr) geht, es online zu gravierende negative Effekte gab oder man wenig erfolgreich war und deshalb nun gar nicht mehr datet. Offline-Dating und die Annäherung im öffentlichen Raum werden vermisst und romantisiert, allerdings als nicht re-etablierbar konstituiert. Wenn eine Hoffnung auf eine neue Dating-Ära formuliert wird, dann zielt diese auf eine neue App oder beispielsweise das Metaverse ab.

Dann lieber OkCupid oder Bumble

Für manche Nutzerinnen und Nutzer lohnt sich ein Plattformwechsel. Wie beschrieben, differenzieren sich die Plattformen entlang von Milieu und Interessenfeld. Während eine Vielzahl an Nutzerinnen und Nutzern beschreibt, dass für sie alle Plattformen einer ähnlichen Logik folgen oder sogar die Personen dieselben seien, wird der Wechsel von anderen als Chance erlebt. Für sie wirken sowohl die Selbstpräsentationen, Bezahlfunktionen als auch der Tenor anschlussfähiger und dem eigenen Lebensstil sowie der politischen Haltung eher entsprechend. Das macht Sinn, besonders in Bezug auf politische Haltung und Milieu.

Die angeeigneten Nutzungsmodi: Achtsamkeit und Slow Dating

Aber es gibt auch Personengruppen, die relativ zufrieden und ohne negative Effekte online daten. Zunächst ist da die Gruppe der erfolgreichen mobilen Online-Daterinnen und -Dater, die wenig von den negativen Effekten bedroht sind. Das liegt zum einen daran, dass sie entlang der Kriterien, die sich beim mobilen Online-Dating bezahlt machen, überdurchschnittlich gut positioniert, also jung genug, symmetrisch und kapitalmäßig gut aufgestellt sind – »Sunnyboys« und »Sunnygirls«, könnte man sagen. Zu vermuten ist auch, dass diese Gruppe weniger Probleme mit Zurückweisung hat, zum einen aufgrund des möglicherweise stabilen Selbstwertes, zum anderen, weil negative Effekte positiv aufgewogen werden, oder aufgrund des Bindungstyps. Dem ist allerdings hinzuzufügen, dass diese Gruppe klein ist und wahrscheinlich eher in einer bestimmten Lebens- und mobilen Online-Dating-Phase auftritt. Dazu liegt keine Forschung vor, allerdings gibt es eine deutlich größere Gruppe von gutaussehenden Personen, die ähnliche Voraussetzungen mitbringen, aber das mobile Online-Dating ganz anders erleben – Attraktivität allein ist es nicht.

Aus strategischer Perspektive eher interessant sind aber die folgenden zwei Gruppen. Personen ab dem 45. Lebensjahr erleben tendenziell weniger Stress beim mobilen Online-Dating. Das mag daran liegen, dass sie sich authentischer auf den Profilbildern zeigen, weniger Optimierung vornehmen und sich insgesamt der *Logik der Applikationen widersetzen*. Sie swipen weniger, sie schreiben Matches direkt erstmal an, daten weniger parallel. Dies ist ihnen eventuell möglich, weil ihr Selbstwert stabiler ist.

Ähnliche Prinzipien werden bei *Slow-Online-Dating* in allen Altersgruppen angewendet. Meist nicht bewusst als solches praktiziert, wird die Applikation auf *achtsame Art* genutzt, um Dates zu haben, ohne sich der Logik verpflichtet zu fühlen (Duguay et al., 2022). Oftmals werden die Notifikationen – also Benachrichtigungen – ausgeschaltet und es wird weniger Zeit online verbracht. Zudem zeigt diese Personengruppe eine geringere implizite Erwartungshaltung (weniger Hoffnung auf die große Liebe und Transzendenz) bei gleichzeitigem Willen zu investieren, und zwar in die Dates und die Begegnung. Das heißt, sie haben seltener Dates und auf eine »unverkniffenere« Art, während sie sich der Begegnung eher hingeben. Hier scheint es den Subjekten allerdings natürlich leicht zu fallen. Die Praxis mag an das erinnern, was auch diejenigen anstreben, die mit der Applikation und Nutzung ringen, aber immer wieder anfällig sind, in der inhärenten

Logik zu handeln. Hier zeichnet sich eine Forschungslücke ab, die Vulnerabilitäten und Bedingungen aufzeigen könnte, die gesunde Nutzung (und damit vielleicht auch generell Handynutzung) erklären kann.

2.8 Die Macht digitaler Traditionen: Instagram-Dating

Auch Instagram-Dating zählt zu den Strategien, dem mobilen Online-Dating auf den einschlägigen Applikationen auszuweichen, und hier zeigen sich psychologisch hochrelevante Einblicke in die Einflussgröße und Bedeutung digitaler Traditionen. Entlang von Instagram-Dating kann zum einen deutlich gemacht werden, welche Prinzipien des mobilen Online-Datings zum *Spannungsverlust* führen, und zum anderen, welche Rolle *plattformspezifische* Wahrnehmung, Interpretation und resultierende Haltung zwischen Subjekten entfalten.

Flirten über Instagram: Die Social-Media-Dating-Logik

Instagram-Dating ist eigentlich auch mobiles Dating per App. Es ist aber prinzipiell anders aufgebaut, denn Instagram ist keine Dating-Applikation, sondern zählt zu den Social-Media-Plattformen. Gestartet hat es als Fotosharing-Applikation, bei der es sich quasi um eine visuelle Version von Facebook handeln mag, die Facebook zahlenmäßig und für die jüngeren Generationen (ab den Boomern) abgelöst hat.

Bis heute hat sich die Applikation weiterentwickelt und beinhaltet nun neben Fotos schwerpunktmäßig kurze Videofrequenzen. Diese werden über Reels, Beiträge und Story-Funktionen geteilt. Reels und Beiträge sind im Profil-Feed chronologisch aufgelistet, Storys verschwinden nach 24 Stunden der Sichtbarkeit.

Auf Instagram kann Accounts von privaten oder öffentlichen Personen und Organisationen gefolgt werden, aber man kann auch Interessen folgen. Dies funktioniert über Hashtags und Verlinkungen von Accounts, die zu Fotos und Videos hinzugefügt werden und darüber auffindbar sind. Man kann folglich in einer visuell geprägten Online-Umgebung, geleitet von Interessen, persönlichen oder öffentlichen Netzwerken, surfen und sehen, wie diese in Verbindung stehen.

Da es sich nicht um eine explizite Dating-Applikation handelt, ist das Daten über Instagram komplex und bringt einige unmittelbare Nachteile mit sich. Diese Nachteile zeigen sich allerdings mittelbar als Vorteile.

Um mit anderen in Kontakt zu treten, muss man sie zunächst einmal entdecken. Ist das Profil privat (es gibt eine private und eine öffentliche Einstellung), muss angefragt werden, um Inhalte sehen zu können. Ansonsten kann Kontakt über eine Chatfunktion (Direct-Messaging), das Kommentieren und Liken von Storys, Storyreaktionen (das Teilnehmen an Abstimmungen oder angebotene Reaktionen per Emoticon), Liken und Kommentieren von Posts, Reels oder wiederum von Kommentaren aufgenommen werden. Dies sind nur einige Funktionen, und es zeigt sich, dass Instagram im Vergleich zur mobilen Online-Dating-App-Welt relativ gesehen komplexer ist in seiner digitalen Architektur und den Kommunikationswegen.

Uneindeutig und aufwändig!

Um Kontakt aufzunehmen und, wenn beabsichtigt, zu flirten, gibt es eine Vielzahl an Möglichkeiten, und die Forschung zeigt, es herrschen implizite, aber konjunktiv geteilte Signale. Die (elegante und strategische) Annäherung erfolgt schrittweise und ist immer mit dem Entblößen von Interesse und dem Zeigen des Selbst verbunden. Dies gilt zumindest dann, wenn im Profil Name und/oder Visuelles (ein Foto von sich) geteilt werden. Zu den Signalen einer Kontaktaufnahme zählen neben der initiierenden Anfrage, einem privaten Account folgen zu dürfen, das Anschauen von Storys, was wiederum dem Profilinhaber/der Profilinhaberin angezeigt wird. Dabei zählt auch, wie zügig die Storys geschaut werden, da sich dadurch markiert, wie viel digitale Aufmerksamkeit das Profil für den anderen/die andere, sortiert durch den Algorithmus, einnimmt.

Deutlicher ist noch das Reagieren auf Storys über Liken oder das Senden einer Reaktion per Emoticon oder einer Textnachricht. Ebenso steht der Weg offen, eine direkte Nachricht zu senden; dies wird aber im konjunktiven Regelkanon erst zu einem späteren Zeitpunkt gemacht.

Neben dem Storyschauen und eventuellen Reaktionen zählt zu den subtilen ersten Schritten das Liken von Bildbeiträgen und Reels. Die Eindeutigkeit der Kontaktaufnahme als Flirten hängt dann wiederum von der Frequenz ab. Wie viele Beiträge und Reels werden geliked, wird auch kommentiert und wie weit geht die Person in der Chronik zurück? Einen älteren Beitrag zu liken, wird dann »Deep Like« genannt, womit die Person bekundet, im Profil weit runtergescrollt zu haben (also Interesse gezeigt zu haben).

Derlei strategisches Prozedere zieht sich dann über Wochen oder gar Monate und ist zeitintensiv. Aber mehr noch, die Interesse bekundende Person riskiert sich, indem er oder sie sich erstens zeigt und zweitens weniger sicher sein kann, dass eine Ansprache gewünscht oder willkommen ist. Wenn das Profil es nicht eindeutig zeigt, bleibt es im Verborgenen, inwiefern die andere Person überhaupt bereit ist zu daten.

Im Gegensatz zum enthistorisierten mobilen Online-Dating zeigt Instagram eine Chronologie, und mehr noch, es zeigt auch das soziale Netzwerk und Interessen. Zudem ermöglicht es das Blättern, wie in einem Katalog, und Einsicht in Interessen sowie mannigfaltige Kommunikationswege. Annäherung ist risikoreich, komplex und fordernd; alles das, was mobile Dating-Applikationen versuchen zu reduzieren.

Andere Plattform, andere Sitten

In den Anforderungen auf der einen und den sozialen Traditionen auf der anderen Seite konstituiert sich eine Dating-Praxis, die geprägt ist von vielen gegenteiligen Prinzipien und Effekten im Vergleich zu Dating-App-Praktiken. Während es auch Grenzüberschreitungen (wie das unaufgeforderte Zusenden von Penisbildern und Hasskommentaren) gibt und unerwünschte Ansprachen, zeigen sich einige positive Zuschreibungen: Instagram-Dating gilt als weniger schambehaftet und romantischer. Subjekte bewerten es als wünschenswerter, dort einen Partner oder eine Partnerin kennengelernt zu haben. Dabei spielt das Narrativ über das Kennenlernen eine Rolle. Dem Kennenlernen wird dann eher Schicksalhaftigkeit unterstellt. Die Ausgrenzung des Schicksals wird im Übrigen auch beim mobilen Online-Dating beklagt und dann mitunter hineingelesen. So wird dann oft detailliert berichtet, dass das Match zustande kam, obwohl der geografische GPS-Abstand eigentlich zu groß war oder man sich im Vorbeifahren auf einer Autobahn, beim Überfliegen eines Landes oder anderweitig gegen die Wahrscheinlichkeit getroffen hat – insgesamt scheint die Validierung, es sollte so sein, wichtig. Beim Instagram-Dating fällt das leichter.

Zudem wird die Annäherung als subtiler und eleganter erlebt und auch die Kommunikation wird als höflicher wahrgenommen. Diese positiven Zuschreibungen gehen aber noch weiter und betreffen dann die anderen. Denen wird unterstellt, die Selbstdarstellung sei authentischer (obwohl bei Instagram sehr viele Filter und orchestrierte Bilder fluktuieren), sie seien ehrlicher, klüger, gebildeter und schöner! Zudem gilt, Beziehungen seien stabiler und Absichten ernsterer Natur – kurzum, es wird dem anderen das Beste unterstellt.

Man stelle sich vor, unter dieser positiven Erwartungshaltung zu daten – anscheinend ändert das einiges. Und das ganze gilt, obwohl es sich doch wahrscheinlich um dieselben Nutzerinnen und Nutzer handelt, zumindest mit signifikanter Schnittmenge, und Instagram-Accounts mitunter im mobilen Online-Dating sogar verlinkt sind.

2.9 Annäherung im Wandel, oder: Wieso Online-Dating alle angeht

Nun mag man fragen: »*Was geht es mich an?*« Einiges! Mobiles Online-Dating geht nicht nur die Nutzerinnen und Nutzer an, denn die etablierten Gewohnheiten, Traditionen und Normen reichen über die Grenzen des Digitalen hinaus und in die Gesellschaft hinein – sie bilden gesellschaftliche

Tendenzen und Phänomene ab und verstärken sie durch die angebotenen Mechanismen.

Alles Narzissten!

Oft wird gefragt, wie sich Nutzerinnen und Nutzer mobilen Online-Datings von offline Datenden unterscheiden. Dann wird versucht, Narzissmus oder gleich die gesamte dunkle Triade (Psychopathie, Narzissmus, Machiavellismus) in ihrer Verteilung zu messen, und überprüft, ob sich all das Schwierige am mobilen Online-Dating mit dem Dispositiv der Nutzerinnen und Nutzer erklären lässt (u. a. Mayshak et al., 2020). Ein wenig zynisch kann einem so eine Fragmentierung, Individualisierung und Schuldzuweisung schon vorkommen. Es erklärt sich so natürlich nicht. Alle daten online und es macht auch niemanden zum Narzissten oder zur Narzisstin. Wohl kann es sein, dass man sich narzisstisch verhält, innerhalb der Tradition, darin liegt aber auch das Potenzial, es ganz anders zu machen. Mit Dispositiv hat das weniger zu tun als mit kultureller Gestaltung, Handlungsspielraum und subjektiver Entscheidung.

Mobiles Online-Dating ist der »Zeitgeist«, kein Spezialfall

Nutzerinnen und Nutzer sind also nicht generell »anders« und die Dates auch nicht. Es mag früher so gewesen sein, wie Weigel (2016) zeigt, doch aktuelle Daten bestätigen, dass sich das Datingverhalten grundsätzlich wandelt, dass sich Dates heute aber weder strukturell noch qualitativ unterscheiden, egal wie sie zustande gekommen sind. Dates laufen generell eher nach dem Low-Cost-Prinzip und nebenbei ab und es gilt generell weniger Verbindlichkeit und paralleles Dating. Zudem wird beschrieben, dass auch offline zustande gekommene Dates viel Fremdes mit sich bringen, denn dort, wo sie initiiert wurden, war es doch zumeist dunkel (im Club), und oftmals war zudem Alkohol im Spiel – da fühlt es sich anscheinend gänzlich ähnlich wie ein Tinder-Date an.

Auch den Beziehungen wird gerne unterstellt, sie seien anders, wenn sie online entstanden sind. Das zeigt sich auch beim Instagram-Dating, bei dem den Beziehungen eine höhere Qualität und Dauer zugeschrieben wird. Die Forschung zeigt allerdings bisher keinen Unterschied in der Beziehungszufriedenheit, Dauer oder Qualität.

Was allerdings bedeutsam ist, ist, wie sich durch *konjunktive Erfahrung* (Mannheim, 1980) Bedeutungen, Traditionen und Normen ändern. Kausalität kann dabei nur spekuliert werden, eher wahrscheinlich ist eine gleichzeitige Bewegung. Interessant ist daher weniger, was speziell ist, als wieso es so Sinn ergibt.

Dies zeigt sich beispielsweise beim *Ghosting*. Geghostet wird nicht nur beim mobilen Online-Dating, sondern auch zwischen Freundinnen und Freunden, Bekannten, der Familie oder am Arbeitsplatz (Farber et al., 2022; Karl et al., 2021).

Unverbindlichkeit und Angst

Baumann (2003) argumentiert, dass eine neue *Unverbindlichkeit* Einzug in Beziehung und Beziehungssuche hält und Subjekte nur fluide und nur zeitweise in Kontakt kommen – quasi wenn sie sich im liquiden Raum wie zufällig begegnen, für die Zeitspanne, die es halten mag, und so lange es sich gut anfühlt. Aber auch Strömqvist (2021) illustriert anschaulich und philosophisch fundiert die neue Unverbindlichkeit, bei der in jeder Beziehung jederzeit das Ende mitschwingt und das erotische Kapital daher jederzeit hochgehalten werden muss. Dies scheint sich mit dem Hintergrund der vielen Möglichkeiten zu bedingen und erklärt mithin, wieso auch Menschen in Beziehungen beim mobilen Online-Dating vorbeischauen, zum Beispiel, um Alternativen zu sondieren, und auch, um den eigenen »Marktwert« zu checken.

Ökonomisierung? Ja, aber nicht nur

Die *Ökonomisierung* von Annäherung, bei der mobiles Online-Dating ein selbstregulierender Markt mit vielen Verliererinnen und Verlierern und hohen Kosten ist, wird zum Beschleuniger von einer Kosten-Nutzen-Perspektive und ökonomisch eingefärbten Performativität (auch der Gefühle) auf Liebe und Beziehung (Illouz, 2007, 2018). Kaum zurückzuweisen ist, dass die Ökonomie beim mobilen Online-Dating eine Rolle spielt, spätestens durch die Interessen der Konzerne hinter den Applikationen und der investierenden Nutzerinnen und Nutzer. Auch die Mehrwertperspektive und die verbundene Hoffnung auf die qualitativ beste Chance ist ökonomisch, und die Perspektive auf die Anzahl der Matches quantifiziert.

Inwiefern allerdings Liebe nicht schon lange oder vielleicht seit jeher mit Tauschhandel verwoben war, vielleicht in feindlicher Weise (Zelizer, 2007, 2011), und inwiefern sich in Beziehungen eine neue Ökonomisierung einschreibt, kann kaum festgestellt werden und schlägt sich auch im mobilen Online-Dating nicht in allen unterstellten Aspekten stichhaltig nieder. Während die Marktlogik zu gelten scheint, ist beispielsweise eine Ökonomisierung der Selbstdarstellung nicht als ökonomisch stichhaltig dargelegt (Peetz, 2020).

Neue Beziehungsformen und passgenaue Suche

Aus queerer Perspektive bietet mobiles Online-Dating einen Markt der passgenauen Suche. Im aktuellen Diskurs um die *Normen rund um Beziehungen und deren Konstellationen* werden Ideen von freier Liebe neu aufgelegt. Beziehung soll befreit werden von Machtstruktur und Ökonomie, von Besitz und auch von normativen Einschränkungen. Beziehungskonstellationen werden dabei neu verhandelt, sie können offen sein oder polyamor und generell individualisiert, wobei die Gesellschaft diese vor allem durch radikale Akzeptanz rahmen soll (Jenkins, 2017). Wenn sich Beziehungen generell verändern und bekannte Konstellationen, Identitäten und Orientierungen flexibler und über das Leben fluider werden, die klassische Zweierbeziehung und die Ehe in den Hintergrund rücken, dann macht die um sich greifende Parallelität als Möglichkeitsraum und Katalysator Sinn, ebenso wie die sich ausdifferenzierenden Suchmöglichkeiten und die breite App-Landschaft.

Neue Annäherungs- und Beziehungsweisen, neue Moralen

Im gleichen Zuge scheint es sinnvoll, dass *Moralen neu verhandelt* werden (müssen). Viele der Missverständnisse im mobilen Online-Dating und der damit einhergehenden negativen Effekte sind implizite Annahmen, die nicht (mehr) für alle gelten. Einiges Leid entsteht vor und in Beziehungen, wenn nicht klar ist, welche Grenzen und Erwartungen gelten. Es kann notwendig sein, zwischen den Beteiligten zu klären, welche Absichten verfolgt werden, welche Wünsche und Erwartungen im Spiel sind und auch welche Definitionen beispielsweise von Betrug gelten. An welcher Stelle muss das parallele Date stoppen? Macht man das gleichzeitig und explizit aus? Ist ein aktiver Datingaccount Fremdgehen? Für manche ist das ganz normal oder wünschenswert, da Partner oder Partnerin immer wieder neu und trotz Konkurrenz gewählt werden sollen. Für andere ist das ein Scheidungsgrund.

Verhärtete Geschlechterverhältnisse

In Überleitung zur parasozialen Beziehung auf Social Media wird an dieser Stelle mit den Dynamiken zwischen den Geschlechtern im Datingprozess abgeschlossen. Die Stereotypisierungen, die sich (auch) im mobilen Online-Dating etablieren, und die damit einhergehende Verhärtung zwischen den Geschlechtern reichen in die Bewertung, Erwartung und das Verhalten über die Grenzen des mobilen Online-Datings hinaus – sie konstituieren sich über gleichzeitige und/oder wechselseitige Prozesse auf anderen Plattformen (Social Media) und wirken ebenso in die Wahrnehmung von Wirklichkeit von Subjekten, deren Beziehungen und in die Gesellschaft.

Und so zeigt sich, wie traditionalistische Geschlechterrollen und Normen im Gegensatz zu emanzipatorischen und (neo-)feministischen Bewegungen im Diskurs Gehör bekommen und eine Gegenbewegung zu neueren Ideen der Auflösung von Binarität, heteronormativer Sexualität und monogamer Beziehungskonstellationen darstellen. Im öffentlichen Diskurs bilden sich ähnliche Enttäuschungsnarrative wie das der erlernten Hilflosigkeit, verhandelt als strategische Inkompetenz, von Männern oder der Mental-Load-Debatte. Diese thematisieren sicherlich berechtigte Anteile von Ungleichverteilung, sind aber abwertend und polarisiert konnotiert und wirken auf und in Ideen von Beziehungen.

3 Die Psychologie der parasozialen Beziehung auf Social Media

3.1 Der Social-Media-Business-Case

Mit 1,48 Milliarden Nutzerinnen und Nutzern im Jahr 2022 ist Instagram die führende Social-Media-Plattform (Statista, 2022). Neben der Möglichkeit, sich privat zu vernetzen und Visuelles zu teilen, birgt Instagram einen *Business Case in der Gig-Ökonomie*[1], der unter der *Professionalisierung* von Influencertum prädominierender wird (van Driel & Dumitrica, 2021). Influencerinnen und Influencer verdienen Geld basierend auf der Anzahl ihrer Followerinnen und Follower, deren Aufmerksamkeit, Engagement und Interaktionsniveau. Sie erzielen Einkünfte entweder durch den Verkauf eigener Produkte oder durch das Schalten von Werbung für andere Unternehmen.

Das Influencer-Marketing auf Instagram verzeichnet ein stetiges Wachstum. Im Jahr 2020 betrug der jährliche Werbeerlös etwa 17,4 Milliarden US-Dollar mit einer Prognose von insgesamt 40 Milliarden bis 2023 (Statista, 2023a). Damit spielt Instagram eine ernstzunehmende Rolle in der Wirtschaft (Evans et al., 2017; Haenlein et al., 2020). Die erfolgreichsten Influencerinnen und Influencer bauen Multi-Millionen-Dollar-Karrie-

1 Provisionswirtschaft der (oft digital) Selbstständigen.

ren und Internetbekanntheit auf. So wird Influencerin oder Influencer werden auch zu einem Traum vieler Heranwachsender und zu einem *antizipierten Berufsbild*, bei dem die Hoffnung auf Selbstbestimmung und Erfolg ohne formalisierte Voraussetzungen mitschwingt (Shabahang et al., 2022).

Influencer-Marketing

Influencer-Marketing ist in der *Aufmerksamkeitsökonomie* (die Ware ist die Zeit, in der das Auge auf dem Inhalt ruht und Käufe angeregt werden) hochgradig wirksam, die *Überzeugungskraft* übertrifft alle anderen Arten von Marketing und ist Gegenstand eines breiten Forschungsfeldes, das diese Wirkmacht zu verstehen und vorherzusagen versucht. Dabei zeigt sich, dass neben der Art der Inhalte (Content Curation, mit Hook – also interesseweckendem Aufhänger – schnell zu erfassen, eindeutig), professioneller Ausgestaltung (Bildqualität, Licht, Schnitte, Musik), algorithmus- und followerangepasster Strategien (Zeitpunkt der Veröffentlichung, lange Captions, Themenorientierung, Repostings, Trends, Interaktion durch Reaktionsvideos) und beneidenswerten Inhalten (Lee et al., 2021) vor allem die Beziehung zwischen Influencerinnen/Influencern und Followerinnen/Followern sowie die wahrgenommene *Glaubwürdigkeit* eine zentrale Rolle für Erfolg und Einfluss spielen (Tafesse & Wood, 2021). Diese Glaubwürdigkeit basiert auf wahrgenommener Authentizität, Kontinuität, Informations- und Unterhaltungswert, Attraktivität und Ähnlichkeiten sowie dem Verhalten der Community, also dem Reaktions- und Interaktionsverhalten anderer Followerinnen und Follower sowie anderer Influencerinnen und Influencer (Yuan & Lou, 2020).

Beziehung verkauft

Für den geschäftlichen Erfolg beim Influencing sind Identifikation, Engagement und Vertrauen wichtig. Dies wird durch *Mechanismen* wie gezeigte Zuneigung (»Insta Family«) und persönliche Sprache (»my babes«), Authentizität durch (gestellte) Einblicke hinter die Kulissen inklusive Fails und Storytelling (über eigene Fehler und Missgeschicke), präsentierte Gemeinsamkeiten mit den Followerinnen und Followern (relatability), Beantwortung direkter Nachrichten und Treffen im wirklichen Leben (meetups) hergestellt und unterhalten.

Influencerinnen und Influencer interagieren also im sozialen und asynchronen Austausch über Dokumentation ihres vermeintlich authentischen Lebens, um tiefe und nachhaltige Beziehungen aufzubauen und aufrechtzuerhalten (Belanche et al., 2021). Der Inhalt entsteht dabei in einer *Spannung zwischen dokumentiertem Leben und der interessengeleiteten Verwaltung der Beziehung* einschließlich Optimierung und Orchestrierung (van Driel & Dumitrica, 2021), ähnlich der Präsentation im Datingkontext. Gut etablierte parasoziale Beziehungen sind belastbar und überstehen sogar Misserfolge und Konflikte wie fragwürdige Produktwerbung, wobei die Followerinnen und Follower auf der Seite der Influencerinnen und Influencer stehen.

Früher Fan, heute Follower: Der Begriff der Parasozialität

Der Begriff der Parasozialität stammt aus den traditionellen Medien Film und Fernsehen und beschrieb ursprünglich die Beziehung zwischen Stars und Fans (Cohen & Holbert, 2021; Tukachinsky et al., 2020). Parasoziale Beziehungen werden heute auf den Kontext von Social Media angewendet und verstanden als digitale *asynchrone Beziehungen* zwischen Influencerinnen/Influencern und ihren Followerinnen/Followern. Über Social Media schreiben sich dabei auch die früheren Star-Fan-Beziehungen fort, allerdings unter veränderten Bedingungen, wobei sowohl Stars zu Influencerinnen und Influencern und Fans zu Followerinnen und Followern werden als auch Influencerinnen und Influencer große Followings über Social Media und ohne Rückbezug auf Film oder Fernsehen bilden können (Online Celebrities). Die aktuellen parasozialen Beziehungen auf Social Media bringen einige neue Spezifika, die im Folgenden auch in ihrer Bedeutung aufgezeigt werden.

Habituelle Social-Media-Nutzung: Beweggründe, Funktion und Nutzungsweisen

Followerinnen und Follower nutzen soziale Medienplattformen zur *Unterhaltung*, *Ablenkung* und zum *Zeitvertreib*; strategisch, um Informationen zur *Meinungsbildung* und Ratschläge sowie Inspiration für *Kauf- und Lifestyleentscheidungen* zu sammeln, aber auch zur *Bewältigung* von als unangenehm empfundenen Situationen und emotionalen Lagen (Casaló et al., 2020). Neben diesen *rationalen (und rationalisierenden) Begründungen* zeigt sich aber eine oft *habituelle, automatisierte Nutzung*, bei der die Motivation, Updates zu checken, schwer explizierbar ist (mit Bezug zu Abhängigkeit: Kessling et al., 2023).

Vulnerabilitäten für exzessive Nutzung

Die Nutzungsweisen, -zeiten sowie -intensität variieren je nach Lebensumständen, Vulnerabilität und Gewohnheiten.

Interviews zur Nutzung und Studien zu Phubbing[2]-Verhalten deuten an, dass die Nutzung im Alltag verwoben, nebenher, fokuseinnehmend und ständig stattfindet. So wird auf das Endgerät in allen möglichen (und unmöglichen) Situationen zurückgegriffen. Das Smartphone ist dazu für viele ständig zur Hand, was auch geplant wird. Bevor das Baby ins Bett gebracht wird, wird das Handy am Bett griffbereit hingelegt. Morgens geht der Griff zunächst zum Handy, aber auch abends sind es für viele die parasozialen Updates, die einen in den Schlaf begleiten. Nach dem Sex rollen sich gerne beide zur Seite und scrollen durch Social Media, und auch bei der Carearbeit verweilen viele nebenher ebenfalls im Internet (Xie et al., 2019).

Wenn das Handy ruft (geht man dran)

Im Interview zu detaillierten Abläufen zeigt sich, dass das Checken von Social Media fortlaufend und *habituell*, nebenher und für viele in der Situation un- oder vorbewusst, quasi *automatisiert* und weniger rational als angenommen abläuft (Hu et al., 2021). Es wird beschrieben, man schaue »ständig« und ohne konkrete Suchrichtung ins Endgerät und könne sich auch kaum an die Bedeutung von Inhalten erinnern, es rufe einen implizit auf, dazu müssen Notifikationen nicht eingeschaltet sein (Du et al., 2019). Dabei scheint das Schauen eine Funktion an sich zu haben, ist quasi ziellos, wird oft als erfolglos und sinnlos erlebt und stört Nutzerinnen

2 Phubbing beschreibt die Unterbrechung einer sozialen Interaktion mittels Endgerätnutzung (Phone-Snubbing, also mit der Handynutzung vor den Kopf stoßen).

und Nutzer oft selbst. Mitunter wird beschrieben, das Checken gehe mit Enttäuschung einher, wenn kein interessantes Update aufzufinden sei, oder man fühle sich ertappt und peinlich berührt, beschämt, frustriert oder unruhig, wenn alle Updates angeschaut worden sind und sich Inhalte beginnen zu wiederholen (Instagram zeigt dann an: »Du bist auf dem neuesten Stand«). In dieser habituellen Nutzung sind die Motive schwer explizierbar und bleiben den Nutzerinnen und Nutzern mithin selbst verborgen. Diese Art der Nutzung wird aber von Subjekten – zumindest bis zum Interview – als unproblematisch eingestuft und einzelne Situationen wurden erst durch detaillierte Rekonstruktion explizierbar.

Phubbing, aber wozu?

Explizierbar oder rationalisiert dient die Nutzung unter anderem dazu, *Lücken zu füllen* und beispielsweise Wartezeiten zu überbrücken. Der Handycheck wird genutzt, um mit *Situationen oder Emotionen umzugehen*, zum Beispiel während sich die Begleitung im öffentlichen Raum zum Gang zur Toilette entschuldigt. So kann man Situationen, die sich verunsichernd oder unsicher anfühlen, überbrücken und beispielsweise Außenkontakt vermeiden. Die Nutzung fungiert also auch als *Bewältigung*, beispielsweise bei Unsicherheit, Langeweile, Stress oder Konflikten, und wird dann auch in sozialer Interaktion herangezogen, um sich der Situation zu entziehen, beispielsweise in Paar- oder Familiensettings (auch mit Kindern). Für manchen Elternteil ist dann der Zoom ins Smartphone ein Ort des Rückzugs.

Dahingehend findet auch Phubbing in Beziehung und Familie statt, und Social-Media-Nutzung kann dann auch

Zeichen für Widerstand sein, indem man sich aus der Situation herauszoomt, bei der Familienfeier einen virtuellen Rückzugsort hat oder beim Stillen Unterhaltung findet. Schlussendlich kann es aber auch eine *inszenierte und bewusste Tätigkeit* sein, die, alleine oder in Gesellschaft, *ritualisiert* abläuft, um nach einem Tag abzuschalten, beim Double Screening alleine oder in Gesellschaft zu »entspannen« oder andere durch demonstrative Abwendung zu bestrafen.

Moderne Seifenoper: Ich bezeuge Dein Leben (und will nichts verpassen)

Die Inhalte, die konsumiert werden, unterscheiden sich zwischen denen privater Kontakte (Menschen, mit denen man auch offline einen Umgang hat), denen parasozial verknüpfter, quasi unbekannter anderer und denen von Influencerinnen und Influencern. Konsumiert werden Updates im Feed und Storys von jenen, denen gefolgt wird, wohingegen Reels und Inhalte über die Explore-Funktion vom Algorithmus und unabhängig vom Following, aber abhängig von Interessen zugespielt werden.

Den Sog der parasozialen Beziehung üben dabei schwerpunktmäßig Storys aus. Diese fortlaufenden kurzen Updates werden als Alltagssituationen oder Ansprache der Followerschaft gefilmt, um Gedanken und Erlebtes zu teilen, und stehen für 24 Stunden zur Verfügung. Dadurch entsteht für viele Nutzerinnen und Nutzer der Drang, möglichst keine Updates und damit Einblicke ins Leben zu verpassen. Es werden eine Vielzahl von Storys konsumiert und die Einblicke laufend über den Tag verteilt (zeitversetzt, aber doch quasi live)[3]. Damit ruht der Fokus auf dem Endgerät und den Figuren darin, und wenn Fromm (2016 [1956]) Recht behält, dann entsteht Beziehung dort, wo der Fokus liegt, wo investiert wird, in dem Fall im Endgerät.

3.2 »Ich folge, also bin ich«: Mechanismen und Bedeutungen von parasozialen Beziehungen

Social-Media-Nutzung findet also nicht nur aus rationalen Gründen, für Informationen und »Bewertungen« von Produkten statt, sondern ist auch Teil der Selbstorganisation (z. B. zur Beruhigung, Ablenkung, Prokrastination) und habitueller Teil des Alltagshandelns. In Bezug auf das Selbst zeigt sich aber auch, dass gerade die dort etablierten *parasozialen Beziehungen* – also nicht die Nutzung als solche, sondern die Beziehung zu den Figuren im Endgerät – eine Rolle spielen. Diese sind bedeutsam für das Ausgestalten von Lebensstil, Gewohnheiten, politischer Haltung und Werten (Walter & Brüggemann, 2018). Als *Beziehung* sind sie aber auch für *identitätsbezogene Prozesse* und die *Beziehungsausgestaltung* des sozialen Selbst wichtig und materialisieren sich im Leben der Subjekte.

Weder Sucht noch Angst – zumindest nicht nur

Im Zuge der Forschung wurde Handynutzungsverhalten, insbesondere die Nutzung von Social Media, lange Zeit mit

3 Followerinnen und Follower reagieren beispielsweise mit Widerwillen und Unmut, wenn sie entdecken, dass Storys vorproduziert werden, was darauf hinweist, dass sie ein Live-Erlebnis, einen »echten« Einblick erwarten oder wünschen.

FOMO *(Fear of Missing Out)* – der Angst, etwas zu verpassen – oder suchtähnlichem Verhalten operationalisiert (u. a. Cheng et al., 2021; Tandon et al., 2021). Neueste Untersuchungen weisen jedoch ergänzend darauf hin, dass über Social Media asynchrone und parasoziale Beziehungen entstehen, die für die Nutzerinnen und Nutzer von hoher Bedeutung sind und zu Bezugspunkten werden (Leaver et al., 2020). Die präsentierten Inhalte von Influencerinnen und Influencern gelten mitunter als vertrauenswürdiger als Informationen aus anderen Medien und den Nachrichten (Fernsehen, Zeitung) und werden oft auch Ratschlägen von Familie und Freundinnen und Freunden vorgezogen (Degen & Simpson, 2022); Social Media hat damit eine Schlüsselrolle in der Meinungsbildung.

Die Perspektive der Influencerinnen und Influencer: »Ich brauche viele von euch und ihr sollt euch engagieren«

Für Influencerinnen und Influencer spielt die schiere Anzahl der Followerschaft eine Rolle. Neben dieser quantitativen Perspektive ist darüber hinaus auch die Einbindung in die Community, also das Folgen anderer Influencerinnen und Influencer zu ähnlichen Themen und Haltungsfeldern, sowie andersherum deren Following (sichtbare Gegenseitigkeit und Anerkennung) relevant. Darüber hinaus gib es weitere qualitative Kriterien wie die *Qualität und Belastbarkeit der Beziehung* zu den eigenen Followerinnen und Followern (Engagiertheit durch Likes, Sharing, Speichern von Inhalten, Kaufwille, Aktivität im Sinne von Konsum der Inhalte) – diese Qualität allerdings zählt wiederum in der Masse. Die Bedeutung der parasozialen Beziehung für Influencer und Influencerinnen ist hier *existenzieller Art*, bei Mikro- oder dem unteren Bereich der Mesoinfluencerinnen/-influencer[4] bezüglich der antizipierten existenziellen Absicherung in der Zukunft; für alle relevant ist die Beziehung in Bezug auf Selbstinszenierung, Anerkennung und Zeigebedürfnis (Goffman, 2003 [1959]).

Die Perspektive der Followerinnen und Follower: »Du bist bedeutsam für mich«

Für Followerinnen und Follower spielen Influencerinnen und Influencer ebenfalls eine Rolle, die mit Bedarfen des *sozialen Selbst* (Anerkennung, Dazugehörigkeit), *Bewältigung* (Stress, Orientierung in Krisenzeiten; Li et al., 2020; Wolfers & Utz, 2022), *identitätsbildenden Prozessen* (Validierung, soziale Positionierung; Shan et al., 2020) und wahrscheinlich mit *Funktionen von Beziehungen* (Erweiterung des Selbst, Beruhigung, antizipiertem »geteilten« Alltag, Dokumentation des Lebens; Degen, 2023a) einhergehen.

Die parasoziale Beziehung wird begleitet von Identifizierung, Bezugnahme und dem einseitigen Wunsch, in Beziehung zu stehen, und ist von der beidseitig aufrechterhaltenen *Illusion von Intimität* und vermeintlicher *Gegenseitigkeit* gerahmt; sie ist charakterisiert durch scheinbar *private Einblicke, ständige Updates* zur Person selbst und theoretische Erreichbarkeit (Feng et al., 2020). Durch die digitale Vermitt-

4 MikroinfluencerInnen haben weniger als 10.000, MesoinfluencerInnen 10.000 bis 1.000.000 und MakroinfluencerInnen mehr als eine Million FollowerInnen (Boermann, 2020). Eine Existenzsicherung ist ab einer engagierten Followerschaft um die 30.000, je nach kulturellem und ökonomischem Hintergrund, beobachtbar.

lung ist es zudem möglich, sich fortlaufend und zeitlich gesehen umfangreich mit den immer neu upgedateten Inhalten zu beschäftigen – es wird quasi eine eingebundene *Teilnahme* gelebt, die einseitig rituell ineinander verwoben ist; beispielsweise dann, wenn jeden Abend der Tag der Influencerinnen/Influencer nacherlebt und der Wissensstand upgedatet wird (Zniva et al., 2023). Followerinnen und Follower fiebern zum Beispiel bei Schwangerschaften oder anderen Lebensereignissen richtiggehend mit und begleiten die Entwicklung und Übergänge des Lebens gefühlt hautnah (Abidin, 2015).

Dazu paaren sich dann *Erwartungs- und Anspruchshaltung* und es wird etwa Frustration ausgedrückt, wenn Updates und Teilhabe ausbleiben oder verzögert geleistet werden; es wird explizit bemerkt, wenn sich Verhalten ändert, weniger Updates kommen oder sich der Content verändert. Dies kann in der Form von Besorgnis, aber auch Wut ausgedrückt werden, hat in jedem Fall aber eine ordnende und überwachende Funktion (»How to be real, when everyone is watching«; Abidin, 2018). Aus Influencerinnen- und Influencer-Perspektive stellt das Unfreiheit dar. Existenziell von der Followerschaft abhängig, bemerken sie den Druck, eine gleichmäßige, ästhetische, ständig verfügbare und vorhersagbare sowie normativ passende, aber gleichzeitig inspirierende Lebenswelt zu kreieren und zur Verfügung zu stellen (Shareef et al., 2020).

Auch hier bildet sich also ab, dass die Beziehung eine spezifische Bedeutung haben muss und dabei Vorhersagbarkeit (»Ändere nicht Frequenz oder Narrativ«), Relationalität (»Sei wie ich dich kenne – und mir irgendwie ähnlich –, damit du für mich Funktionen erfüllen kannst«); und Gegenseitigkeit (»Ich folge dir, das ist ein Investment und damit habe ich einen Wissensanspruch«) eine Rolle spielen.

3.3 OnlyFans als Verlängerung von Social Media: Reziprozität, Intimität, Erotik und Sex online

Über OnlyFans hat die parasoziale Beziehung eine neue, intime Facette bekommen. Gegründet in 2016, zählt die Plattform heute ca. 300 Millionen Userinnen und User (Statista, 2023b) und verzeichnet Milliardenumsätze. Social Media verlängert sich darüber in den Bereich der Reziprozität – über Pseudo-Intimität bzw. parasoziale Intimität – und des *Sexuellen*; pornografische Inhalte sind explizit erlaubt. OnlyFans ist eine Plattform, über die Influencerinnen und Influencer exklusive Inhalte verkaufen können (80% vom Erlös erhält der Influencer, die Influencerin). Diese Inhalte müssen nicht, dürfen aber sexueller Art sein. Genutzt werden kann es auch, um egal wie geartete exklusive Inhalte zu betreiben oder reziproke Hinwendung und Gemeinschaft zu vertreiben (Direct Messaging, Chat). Es zeichnet sich allerdings ab, dass sexuelle Inhalte (Netporn) nicht-sexuelle Inhalte tendenziell verdrängen (van der Nagel, 2021).

Für Sexarbeiterinnen und Sexarbeiter ist der digitale Raum über OnlyFans mit einigen Vorteilen verbunden, etwa gesicherter und extern geregelter Zahlweise, potenziell hohen Verdienstmöglichkeiten, geringerer Problematik mit Illegalität (Ryan, 2019) und dem Ausweichen der gravierenden Problematiken mit physischer Gewalt (Büttner et al., 2021). Zudem sind die Content Creators nicht den Bedingungen der Pornoindustrie unterworfen (auch in Bezug auf Diskriminierung von Phänotypen) und haben Kontrolle über Inhalte, Setting und Kontakte. Über OnlyFans findet potenziell also auch Emanzipation und Diversifizierung entgegen dem Mainstream statt (Ryan, 2019), auch wenn sich einige Machtverhältnisse trotzdem fortschreiben (Hakim, 2018).

Kritisch kann überlegt werden, inwiefern sich eine neoliberal getriebene Kommerzialisierung von Sexualität abzeichnet, bei der ein Sog für Subjekte generell, aber auch spezifisch für Influencerinnen und Influencer entsteht, sexuelle Inhalte zu produzieren, beispielsweise, um sich existenziell abzusichern, zügig und niedrigschwellig vermeintlich viel Geld zu verdienen, aber auch, weil sich damit kommerzielle Sexualisierung normalisiert, obwohl gleichzeitig Bedrohung von Stigmatisierung und Prekarität droht (Easterbrook-Smith, 2022; Hamilton et al., 2022; Sanchez, 2022). Auch kann kritisch bemerkt werden, dass OnlyFans nicht frei von Zensur ist, spezifische Genres verboten werden (z. B. Fisting und Tentakel) und dass mit Sperrungen und algorithmischen Nachteilen Angebote interessenbasiert gelenkt werden sowie Macht ausgeübt wird. Dies wurde besonders deutlich, als OnlyFans 2021 angedacht hat, sexuelle Inhalte zu sperren, und die Nutzungscommunity aktiv wurde und ihre Individualisierung sowie existenzielle Abhängigkeit von dem Portal als Machtmonopol öffentlich deutlich gemacht hat (persönliche Konversation mit Madita Oeming, 23.12.2023).

Für die parasoziale Beziehung ist an dieser Stelle besonders relevant, dass OnlyFans einen Business Case hat, der vor allem mit parasozialer Intimität und dem enthaltenen direkten Kontakt, also Gegenseitigkeit, arbeitet. Gelockt wird mit privaten Sessions und Direct Messaging als kostenpflichtigem Service. Damit ruht der Business Case auf dem *Verlangen nach parasozialer Intimität und Gegenseitigkeit*. Ausbleibende Gegenseitigkeit über Instagram kann dort gesichert und auf das Sexuelle ausgeweitet werden. Interessant ist doch, dass über OnlyFans (und die parasoziale Intimität) enorme Summen umgesetzt werden, während für Pornografie über klassische Plattformen (ohne parasoziale Reziprozität) ungern Geld gezahlt wird, was auch die Bedingungen der Branche negativ beeinflusst (Döring, 2011a, 2011b).

3.4 Parasocial Break-ups: Trennungen sind bedeutsam!

Die Signifikanz der parasozialen Beziehung zeigt sich plakativ im Kontext des *»Entfolgens«* (unfollow) – einem theoretisch unauffälligen und im Hintergrund laufenden Prozess, der jedoch explizit und damit bedeutsam wird und viele Beziehungshinweise trägt. Der Prozess des Entfolgens könnte in der Masse der Followerzahlen eigentlich unbemerkt bleiben, da die Zahl der Followerschaft in gewissem Maße dynamisch ist und Schwankungen unterliegt, sei es durch Abmeldungen, Sperrungen, Entfolgen oder erneutes Folgen.

»Ich bin von euch abhängig«

Dennoch wird das Thema des Folgens und Entfolgens häufig aufgegriffen (Matley, 2018). Influencerinnen und

Influencer sprechen darüber, sei es begeistert und willkommen heißend, wenn die Anhängerschaft wächst, oder sei es besorgt und frustriert oder konstatiert, wenn sie schrumpft und das Engagement nachlässt. Mitunter thematisieren sie das mögliche Entfolgen auch kokettierend, vorauseilend, bei kontroversen Posts und als demonstrative Behauptung einer Unabhängigkeit von der Followerzahl (»lets see how many of you mother fuckers unfollow me for this«, ebd.).

Häufig werden den Followerinnen und Followern Fragen gestellt, Ursachen hinterfragt, wird Feedback eingeholt, um den Content »likable« zu gestalten und Following zu erhalten, und erläutert, warum Likes, Views und Klicks – also Engagement – für den Influencer/die Influencerin wichtig sind. Solidarität und Unterstützung werden erbeten, mal in einem appellierenden Ton (»Ihr seid die besten Follower, was kann ich tun, um euer Engagement zurückzugewinnen?«) oder auch fordernd, beleidigend, drohend oder flehend (»Ich biete hier so viel kostenlose Unterhaltung, wenn ihr nicht einmal liked, kann ich so nicht weitermachen«).

»Ich verabschiede mich, weil du bedeutsam für mich bist«

Wird tatsächlich entfolgt, ist es bemerkenswert, dass einige Followerinnen und Follower sich *explizit verabschieden*[5], sei es in Kommentarspalten oder per Direktnachricht. Möglich wird die Beobachtung, da diese Abschiedsnachrichten mitunter veröffentlicht und dann auch öffentlich kommentiert oder

5 Zumindest wird es so dargestellt.

gerahmt werden[6]. Dies verweist auf die Bedeutung der Beziehung, das Unfollowing entspricht einem Schlussmachen.

Derlei Abschiedsnachrichten enthalten oft Begründungen oder Vorwürfe und betonen auch den Verlust; sie beziehen sich nicht selten auf die bisherige Treue der Person zur Influencerin oder zum Influencer (»Ich war von Anfang an dabei, es war großartig, aber jetzt ist es nur noch erbärmlich. Ich bin raus«). Gründe für das Entfolgen sind Änderungen im Narrativ (beispielsweise Familiengründung: »another female profile lost to baby content«), politische Äußerungen oder Änderungen in Frequenz und Engagiertheit vonseiten der Influencerin/des Influencers.

Entfolgen ist bedrohlich

Die Tatsache, dass diese Nachrichten aufgegriffen werden, weist wiederum auf die Relevanz aus Sicht der Influencerinnen und Influencer hin. Die Nachrichten werden veröffentlicht und mitunter herablassend beantwortet, sind aber nicht an die sich verabschiedende Person gerichtet (sie sieht dies vermutlich nicht mehr), sondern richten sich an die verbleibenden Followerinnen und Follower.

Bei der Gelegenheit wird betont, wie unwichtig einzelne Personen seien oder wie erbärmlich es sei, sich zu verabschieden, oder die entfolgende Person wird zur Außengruppe konstituiert[7] (»Niemanden interessiert es hier, dass du weg bist«, »Ich habe

6 Die folgenden Ausführungen beziehen sich auf Daten einer teilnehmenden Beobachtung und Screengrabbing aus 2021 und 2022 und 51 beobachteten öffentlichen Break-up-Fällen.

7 Was einen etwas bizarren Beigeschmack haben mag, denn die Person hat sich selbst bereits der Gruppe entzogen.

noch Millionen andere, die meinen Content lieben«, »Wie armselig bist du eigentlich? Ich kenne dich nicht einmal«).

Diese Botschaft beinhaltet die Drohung, dass man die Validierung entziehen kann, soll sagen, dass das Unfollowing geringe Bedeutung hat (was nur im Einzelfall, nicht aber in der Masse zutreffen kann und durch die Thematisierung ad absurdum geführt wird), und bedeutet gleichzeitig auch eine Herabwürdigung des Followings als Ganzes, während gleichzeitig demonstriert wird, dass es doch bemerkt wurde (»Ich sehe euch«). Es stellt sich die Frage, welche Wirkung von diesen öffentlichen Diffamierungen ausgeht bzw. erwünscht ist, wenn die verbleibenden Anhängerinnen und Anhänger gleichzeitig mit beschämt, bedroht, gelobt und als moralisch überlegen dargestellt werden (»Wir alle, die noch hier sind, stehen zu unserem Influencer/unserer Influencerin«). Wahrscheinlich wäre eine machttheoretisierende Rahmung gewinnbringend, bei der sich plakativ sowohl die subtile Beobachtung und das ambivalente Loben und Strafen als auch das Statuieren von beliebigen Exempeln zeigen. Beobachtbar ist, dass vonseiten der verbleibenden Followerschaft oftmals mit Trost und massenhafter Bestätigung und Huldigung reagiert wird.

3.5 Kognitive Fehleranfälligkeit, Korporealität und parasoziale Beziehungen: Das Modell der Diskrepanz von Realität und Fiktion

Kommunikative Prozesse auf Social Media (wie beispielsweise die parasozialen Break-ups) entstehen (gruppen-)dynamisch, kontextuell bedingt und intrapsychisch begründet und folgen spezifischen Mechanismen, die am unten stehenden Modell der Diskrepanz zwischen Realität und Fiktion skizziert werden.

Die Kommunikation auf Instagram erfolgt zeitversetzt – asynchron –, das lässt Raum für Strategie und (technische) Orchestrierung. Diese Bedingung verstärkt die beschriebenen Spannungen zwischen Authentizität und Inszenierung auf Subjektebene. Ähnlich wie beim mobilen Online-Dating entsteht eine Lücke oder besser gesagt eine ganze Sphäre von Möglichkeiten, die Realität zu modifizieren, (re-)interpretieren und rahmen sowie zu optimieren. Es spielen aber auch kontextuelle Bedingungen eine Rolle, auf der Ebene der Applikation, ihrer digitalen Architektur und ihres Algorithmus, Interessen von Organisationen, Politik und des Marktes.

Reflexive Mediatisierung beschreibt dahingehend die wechselseitige Beobachtung, Einflussnahme und Veränderung von Bedingungen und (Re-)Aktionen zwischen allen Beteiligten (Plattform, Industrie, Markt, Nutzerinnen und Nutzer) (Grenz & Pfadenhauer, 2017a, 2017b), wodurch eine miteinander verwobene Fortentwicklung stattfindet und sich Verhalten im Digitalen materialisiert (und umgekehrt) (Krotz et al., 2017)[8]. Derlei Einflussnahmen funktionieren aber auch plattformübergreifend, und so wird die Nutzung von Videos auf der ursprünglichen Fotosharing-Plattform Instagram vonseiten der Applikation gepusht, zum Beispiel um konkurrenzfähig zu TikTok zu bleiben. Dabei zeigt sich, dass Nut-

8 In der Pandemie wurde beispielsweise Videodating innerhalb mancher Dating-Applikationen angeboten; da es nicht viel Verwendung fand, verschwand es wieder.

zerinnen und Nutzer Handlungsspielräume, aber auch Einflussmöglichkeiten haben, zumindest in der millionenfachen Wiederholung (würde niemand bei Tinder ghosten, würde der Button womöglich verschwinden).

Das *Modell der Diskrepanz zwischen Realität und Fiktion* (siehe Abbildung 1) kann genutzt werden, um mehr über die Bedingungen und (psychologischen) Mechanismen zwischen parasozialen Beziehungen und kommunikativen Dynamiken als reflexive Mediatisierung zu erfahren. Das Modell basiert auf der Arbeit von Schreier et al. (2001) im Kontext von Medienanalysen und wird für Social-Media-Kontexte weiterentwickelt (Degen & Simpson, 2022). Es stellt die Intentionen, kommunikativen Dynamiken und Bedingungen in ihren Wechselbeziehungen dar – intrasubjektiv in Bezug auf Interessen, Wahrnehmung und Kognition, intersubjektiv in Bezug auf soziale Traditionen sowie kontextuell, einschließlich des Marktes und der Plattform. Entlang des Modells lässt sich schrittweise zeigen: Die auf den ersten Blick unscheinbare und linear wirkende kommunikative Handlung – ein Influencer/eine Influencerin sendet einen Hinweis aus, der Realität und Fiktion vermischt – wird komplex, wenn Interessensschichten, interessengeleitete Algorithmen, externe und interne Interessen (Politik) und ein Empfänger/eine Empfängerin mit einigem Wissen, aber voreingenommener Wahrnehmung, und einem eingebundenen Körper in parasozialer Beziehung stehend, reagiert und über die resultierende Reaktion Einfluss geltend gemacht wird. Als solche bringen sowohl Influencerinnen und Influencer als auch die Followerschaft *Bedürfnisse, Hoffnungen, Sehnsüchte* und auch *Erfahrungen, Überzeugungen* und *Muster* in das Bild ein, indem sie die Rationalität mit persönlicher Veranlagung, Emotion, Situativität und Interessen verbinden. In diesem Sinne scheinen die Bedeutung der Subjektivität, emotionalen Zustände, Beziehung und Bindung ein entscheidender Aspekt in der Social-Media-Kommunikation zu sein, mit Bedeutung und Wirkweisen, die über das Digitale hinausreichen.

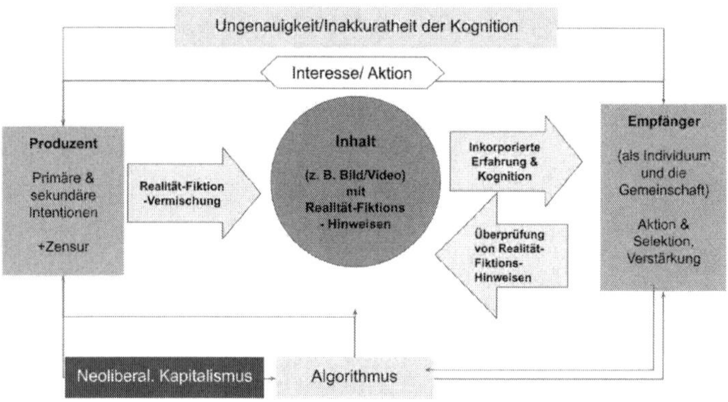

Abbildung 1: Modell der Diskrepanz zwischen Realität und Fiktion

Wahrnehmungen, Mechanismen und Bedeutungszuschreibungen in der Diskrepanz zwischen Realität und Fiktion

Der Influencer/die Influencerin produziert und veröffentlicht Inhalte und hat dabei intrasubjektiv *verschiedene Absichten*, die gleichzeitig aber auch ambivalent oder widersprüchlich sein können. Ein Beispiel ist die Absicht, einen Mehrwert zu leisten (wie über Schwangerschaftsabbrüche aufzuklären), aber auch möglichst viel Umsatz zu machen, oder die Existenz zu sichern, agreeable zu sein, was dann mitunter explizit verhandelt und erklärt wird (»Ich finde Po-Bilder zu posten selbst blöd, aber die Reichweite erhöht sich dann und dann kann ich für Abtreibungen werben«). Die Intentionen sind mannigfaltig und es ergeben sich *multiple Spannungsfelder*, die teilweise bewusst und sicher auch unbewusst Einfluss auf die Gestaltung des geposteten Inhalts ausüben. Dabei relevant und (mitunter) in Konkurrenz stehen (mindestens) die Ideale und Werte (ehrlich sein), Interessen (Validierung/ Einfluss), Dispositive (Persönlichkeitsstruktur, Vulnerabilitäten), aber auch pragmatische Bedürfnisse (Existenzsicherung) und Ziele (berühmt werden, Themen vertreten) und der soziale und strukturelle Kontext (Normen, Möglichkeiten, Unterstützung). In diesem Spannungsfeld entstehen dann Inhalte, die in Teilen Realität und in Teilen Fiktion enthalten (reality and fiction cues) und dem Druck der Professionalisierung unterliegen (Kolo et al., 2022).

Niemand ist frei

Dabei wirken nicht nur die Produzierenden auf den Inhalt, sondern die Bedingungen wirken auch zurück. Dazu zählen neoliberal-kapitalistische und politische *(Markt-) Bedingungen* (wer darf Produkte platzieren), aber auch der *Algorithmus* (welche Reichweite erhält der Inhalt) sowie *Richtlinien* (Zensur, Funktionseinschränkung, Kontosperrung) und die *Reaktion der Followerinnen und Follower*. So sehr Influencerinnen und Influencer auf ihre Unabhängigkeit pochen mögen, so sehr sind sie davon abhängig, dass ihr Inhalt angezeigt und konsumiert wird. Dies hängt von Zensur und Erwünschtheit ab (die zumeist nur subtil erfahrbar sind und mitunter überraschen[9]) (Are, 2021), aber auch die Reaktion der Followerschaft übt starken Einfluss aus, weswegen sie immer wieder angestrebt und aufgerufen wird.

Der direktive Einfluss der Followerschaft

Die *Handlungen* der Followerschaft – Inhalte konsumieren, online darauf reagieren (liken, teilen, kommentieren, verlinkten Accounts folgen), über die Plattform hinaus aktiv werden (externe Links anklicken, Produkte kaufen) oder Inhalte sanktionieren – wirken wiederum auf die Influencerinnen und Influencer, den Algorithmus sowie das Policymaking. Dieses Verhalten wird von Organisationen (Werbenden) sowie Influencerinnen und Influencern beobachtet und strategisch adressiert (Cheong, 2022).

Subjekte werden also in der *Masse des Verhaltens zur einflussreichen Größe*. Sie sind die Konsumierenden der angebotenen Inhalte, und ohne ihre Aufmerksamkeit und Kaufkraft würde der Business Case obsolet. Sie bekommen Inhalte präsentiert, die Anteile von Realität und Fiktion enthalten. Neben der pragmatischen Funktion (Informationen finden) sind auch Funktionen für das Selbst (Beruhigung, Unterhaltung) und für die Beziehung (am Leben anderer teilnehmen, Validierung) wichtig. Viele Studien verweisen auf den Zusammenhang zwischen Authentizität und Zufriedenheit sowie Loyalität und Kaufwille aufseiten der Followerschaft. Dies wird vonseiten der Followerschaft aber auch selbst her-

---

9 Zensur vonseiten der Plattformen betrifft nicht nur bestimmte Darstellungen von Nacktheit oder Sexualität, sondern beispielsweise auch politische Äußerungen (Arun, 2021).

gestellt: Hinweise auf Fiktion oder auch das Wissen um Fiktion führen nicht zu mehr Misstrauen, sondern werden als Zeichen für Authentizität umgedeutet und erhöhen mitunter Vertrauen und Wahrnehmung von Authentizität.

Körper vs. Ratio: Wissen reicht nicht (immer)

Die Followerschaft ist in gewisser Weise *informiert und gebildet* und bringt *Medienkompetenz* mit; zum Beispiel weiß sie, dass soziale Medien Fiktionshinweise enthalten, und wird auch ausdrücklich darüber informiert. Werbung muss in vielen Ländern explizit gekennzeichnet sein, eine Maßnahme zum Schutz der Verbraucher und Verbraucherinnen und zur Unterscheidung dessen, was Fiktion ist (Naderer et al., 2021), und auch Filter werden mitunter ausgewiesen. Dieser Informiertheit soll dann Verzerrungen auf kognitiver Ebene entgegenwirken.

Das faktische Wissen um zum Beispiel bezahlte Werbung, die Einseitigkeit der Beziehung oder modifizierte Abbildungen wird aber überlagert von *kognitiver Fehlerhaftigkeit* in der Form von Verzerrungen (Bias: Hilbert, 2012) und Abwehrmechanismen. Dabei zeigen sich quasi alle gängigen kognitiven Verzerrungen auch in den parasozialen Beziehungen: Rationalisierungen, Attributionsfehler, Beharren auf Überzeugungen und Überzeugungsbias, Mitläufereffekte u. v. m. (Kruglanski & Ajzen, 1983). Diese Fehlerhaftigkeit kann unterschiedliche Ausprägungen haben und Wahrnehmung, Interpretation und Verhalten beeinflussen oder steuern[10]. Um-

10 Die folgenden Ausführungen stützen sich, wenn nicht anders vermerkt, auf Degen & Simpson, 2022; Degen, 2023b; Degen et al., 2024a.

deutungen können folgendermaßen klingen: »Er würde das Produkt auch ohne Bezahlung nutzen und bewerben.« »Sie testet ausgiebig alle Produkte und bewertet diese ehrlich.«

Zu den Mechanismen, die dieses faktische Wissen überschreiben, gehören auch *emotionale und korporeale*, also verkörperte, *Wahrnehmungen* bzw. *Leiblichkeit*. Über die sachlichen Informationen (fiktions- und realitätsvermischt) hinaus enthalten Posts Signale, die die Sinne ansprechen. Dazu zählen eine vertraute Stimme und Körpersprache (z. B. als wertschätzend interpretierte Gesichtsausdrücke) sowie plattformspezifische Vertrautheiten und Traditionen wie wiederkehrende Musik und Performances, die den informativen Inhalt um emotionale Erfahrungen und Gewöhnung bereichern. Darüber werden folglich Emotionen und Sinne angesprochen, die fern von der Ratio Einfluss nehmen: Alle wissen, dass die parasoziale Beziehung einseitig ist, aber das bedeutet nicht, dass sie einem nichts bedeutet und die Mechanismen einen nicht trotzdem »erwischen«: »Ich weiß nicht wieso, aber ich fühle mich zu ihr/ihm hingezogen, lache bei lustigen Situationen/weine und trauere mit dem Influencer/der Influencerin.« Oder, wenn sich das Narrativ ändert: »Es macht mich wütend, alles sieht anders aus, sie/er spricht anders, ich fühle mich nicht mehr wohl.« Man ist emotional, un- und/oder vorbewusst verwoben.

Eine tragfähige Beziehung: »Ich verpflichte mich«

Hinzu kommt dann die *Beziehungsebene* mit ihrer *Funktion für das Selbst* und daran gekoppelte *Interessen*. Wenn die parasoziale Beziehung für die Followerinnen und Follower von Bedeutung ist, sie beruhigt, Bezugspunkt und Vorbild bzw. Rollenmodell ist und als Zeuge und Begleitung im Leben *erlebt* wird, dann überschreiben die Interessen, diese Funktionen aufrechtzuerhalten, die Ratio; die Followerschaft hat ein persönliches Interesse daran, die Person positiv zu sehen, und deutet Informationen (Hinweise auf Fiktion) zugunsten der Beziehung um. Handlungen vonseiten der Influencerinnen/Influencer werden dann auf sich bezogen und die Interessen auf die Beziehung bezogen umgedeutet: »Ich bin dankbar, dass er/sie so viel Zeit investiert, damit ich Unterhaltung habe/damit ich gute Produktinformationen bekomme/damit ich mich nicht einsam oder anschlusslos fühle.« Handlungen und Interessen werden auf Beziehungsebene als direktive Zuwendung interpretiert.

Wenn die Inhalte als Zuwendung interpretiert werden, entsteht auch ein Gefühl der Verpflichtung, das über loyales Following hinausgeht. Dann wird strategisch überlegt, wie dem Influencer/der Influencerin geholfen werden kann, über Likes, Sharing und Käufe, Unterstützung der Community über Aktivität, aber auch Leistungen online (Unterstützung oder Boykott von Accounts, Firmen, Produkten) und offline (Spenden, Käufe): »Ich kaufe Produkte, um sie/ihn zu unterstützen, auch weil es mir gefällt, aber wenn ich etwas bestelle, schaue ich immer, ob es bei ihr/ihm einen Link gibt, so macht es doppelt Sinn.« Die Logik ist dann: »Du bist für mich (scheinbar) da, also sichere ich deine Existenz, so gut ich kann.« Und die parasoziale Beziehung verpflichtet sich mit dem physisch realen Leben.

So werden faktische Hinweise von Kognition, Körper und Beziehungsmechanismen zugunsten der Influencerinnen/Influencer und dem Business Case überschrieben; Hinweise auf bezahlte Werbung, Filternutzung, fiktive Darstellungen,

Zurückhaltung von Informationen, alle diese Formen von Fiktion werden vonseiten der Followerschaft rationalisiert, entschuldigt oder umgedeutet.

Daraus mag sich dann ergeben, dass sich die (verzerrte) Wahrnehmung und parasoziale Bezogenheit trotz besseren Wissens *nachhaltig und belastbar als Beziehung* fortschreibt und sich dann in Haltung (Loyalität, Meinung) und Handlungen (Kommunikation, Verhalten) niederschlägt. Für das folgende Subjekt bedeutet das auch, dass entstehende Fehler (Fehlkäufe, Fehlentscheidungen) internalisiert und individualisiert werden, also auf sich selbst attribuiert: »Für sie hat das Produkt funktioniert und ich hätte mich besser informieren müssen, ob es auch zu meinem Hauttyp/Körpertyp passt.« Die parasoziale Beziehung kann so trotz der Hinweise auf Fiktion für die Followerschaft intakt bleiben.

»Ich wünschte, du würdest mich (auch) sehen«

Daten zeigen dabei auch, wie sehr *(erhoffte, theoretisch mögliche) Gegenseitigkeit* eine Rolle spielt. So wird mit dem Influencer/der Influencerin kommuniziert, kleinste Hinwendungen werden hoch gewertet und Reziprozität erhofft. Dies wird vonseiten der Influencerinnen/Influencer einkalkuliert, die das Beantworten von direkten Nachrichten als Teil ihres Berufsbildes sehen, also bewusst diese Mechanismen bedienen, nicht nur über die Ansprache, sondern auch über »Brotkrumen« der Gegenseitigkeit. Dies können kurze Nachrichten, das Liken von Nachrichten oder kollektives Belohnen vieler Nachrichten über Storys sein. Das kann von Influencer-/Influencerinnenseite folgendermaßen klingen: »Danke für die vielen DMs (Nachrichten), ich schaffe es nicht, alle zu beantworten, aber ihr sollt wissen, ich lese alle und es bedeutet mir sehr viel.« Für die Followerinnen und Follower ist es bedeutungsschwanger: »Einmal hat eine Influencerin ein Reel geteilt, was ich ihr geschickt hatte, ich war so Starstruck.« Oder: »Als ich das Women's Best Sportoutfit bekommen hatte, habe ich den ganzen Weihnachtsabend damit verbracht zu sehen, ob sie mir antwortet oder die Nachricht sieht, meine Mutter war stinksauer.« Auch hier zeigen sich Bedeutung von Beziehung, erhoffter Gegenseitigkeit und Auswirkungen auf die Face-to-Face-Beziehungen sowie die physische Realität.

Die parasozialen Beziehungen werden dann auch als *reale Beziehungen antizipiert* oder zur *Bewertung von Face-to-Face-Beziehungen* herangezogen. Das kann folgendermaßen klingen: »Ich stelle mir vor, dass Influencerin XY eine tolle Freundin wäre, ich denke auch daran, ihr Dinge zu erzählen, die ich erlebe.« »Ich denke, er/sie wäre eine bessere Freundin als meine Freunde.«

3.6 Die Bedeutung der parasozialen Beziehung für das soziale Selbst

Basierend auf den oben skizzierten Mechanismen wirken die parasozialen Beziehungen über die digitale Sphäre hinaus und ins Leben, die Identität und Beziehungsstruktur der Nutzerinnen und Nutzer hinein.[11] Wenngleich sie angenehm sind

11 Die Überlegungen in diesem Kapitel basieren auf explorativen Forschungsarbeiten von der Autorin und Sonja Bröning (Degen & Simpson, 2022; Degen, 2023b; Degen et al., 2024a).

(vorhersagbar, verfügbar, beständig, kongruent zu Interessen und Haltung), *konkurrieren die parasozialen mit Offline-Beziehungen um Fokus, Zeit und Geld.* Social-Media-Updates sind Teil des Alltags, spielen eine Rolle bei Dates und beim Familienessen, wenn sie um Aufmerksamkeit konkurrieren, in der Kommunikation und in Beziehungen durch Übernahme von beruhigenden oder unterhaltenden Funktionen. Sie sind also kostenintensiv auf emotionaler, zeitbezogener, beziehungsbezogener und monetärer Ebene.

»Ich beziehe mich auf dich«

Die Influencerin/der Influencer scheint in der parasozialen Beziehung auch als *Bezugspunkt* für Entscheidungen, Verhalten und für Vergleiche zu dienen und wird so von der Followerschaft in ihr Leben integriert. Dates werden beispielsweise auch daran bemessen, wie sie aussehen und darstellbar wären und wie sie im Vergleich zu abgebildeten Dates auf Social Media abschneiden.

»Ich orientiere mich an dir«

Influencerinnen und Influencer dienen als *Rollenmodell*: »Ich überlege, wie XY in einer Situation gehandelt hätte.« »Es gibt mir Kraft zu sehen, was sie/er alles schafft.« Die Figuren im Endgerät werden zur *Bezugsperson*: »Ich stelle mir vor, meine Erfahrungen mit XY zu teilen.« So werden sie auch Teil des erfahrbaren Selbst und dienen der *Erweiterung des Selbst* – »Ich kann mir die Reisen nicht leisten, aber genieße es, sie über Influencerinnen/Influencer zu erleben« – und der *Identität*: »Es macht mich zu Teilen aus, wem ich folge.« Aber mehr noch: Die Figuren sind auch

Beziehungspersonen, deren Leben miterlebt wird und deren Narrativ begleitet wird, wie bei Partnerinnen oder Partnern, Freundinnen und Freunden oder Familie über Lebensabschnitte oder die Lebensspanne: »Wenn sie/er länger offline ist, vermisse ich sie/ihn oder mache mir Sorgen.«

»Du beruhigst mich«

Mit diesen Bedeutungen scheinen die parasozialen Figuren auch Einfluss auf die *emotionale Lage* zu nehmen: »Ich bin traurig/gespannt/aufgeregt/wütend, wenn Influencerin/Influencer XY etwas passiert/etwas ansteht«, und werden dann auch für *Coping* genutzt: »Wenn ich mich mit meiner Freundin streite, gehe ich hoch und scrolle erstmal Insta, um herunterzukommen.« Beides, Einfluss von emotionaler Lage und Funktion für Bewältigung, ist gekoppelt an ein *Zugehörigkeitsgefühl* und die dazugehörige Validierung über die Community – also dem Erleben, Teil einer Gemeinschaft zu sein.

»Du inspirierst und leitest mich«

Das Selbst wiederum erlebt sich in der Beziehungssuche als *Mittel zum Zweck* (Business Case); Subjekte erhoffen oder simulieren, einen Teil dieses Lebens mitzuerleben, sich selbst zu erweitern und dieses Leben ins eigene Leben zu integrieren. So materialisiert sich die parasoziale Beziehung, beispielsweise durch Artefakte als gekaufte Gegenstände, gekauften Sex (und dessen digitaler Ästhetik) oder durch Loyalität in Haltung (Meinung vertreten) und Verhalten (Cancelling) und beeinflusst Entscheidungen und *Lebensgestaltung*.

3.7 Der Preis der Parasozialität: Potenziale und negative Wirkweisen parasozialer Beziehungen

Der Preis wird auf beiden Seiten gezahlt, getauscht wird unmittelbares Bedürfnis mit mittelbaren Konsequenzen, in dem Zuge man selbst zum Mittel eines anderen Zweckes wird. Eine Seite involviert sich in der parasozialen Beziehung und zahlt einen Preis für unmittelbare parasoziale Bedürfniserfüllung. Dazu zählen internaler Kraftaufwand der Herstellung und Aufrechterhaltung der Beziehung (Abwehrmechanismen, Verzerrungen, Inkaufnahme von Einseitigkeit und fehlenden Zeitzeugen der eigenen Lebenswelt[12]) und externale Kosten wie Zeitinvestment (Mangel an positivem Spillover, die Nutzung wird selten als gewinnbringend erlebt), Konkurrenzsituation zu analogen Beziehungen und monetäre Kosten. Auf der Seite der Influencerinnen und Influencer wird damit gelebt, die Bedürfnisse anderer für einen Business Case zu instrumentalisieren und die Charakteristika »echter« Beziehung für Cliffhanger und Validierung zu nutzen, tatsächlich allerdings hat die einflussausübende Figur bis zu hunderttausende von (fremden) Zeitzeugen ihres dargestellten Lebens, muss dann allerdings mit der eingeforderten Rollenkongruenz und wahrscheinlichen Diskrepanz zum Selbst umgehen[13].

12 Die Auflösung wird dann mithin darin gesehen, selbst zur Seite der Influencerinnen und Influencer zu wechseln, um Lebensbezeugung zu generieren.

13 Von Influencerinnen- und Influencerseite wird mithin beklagt, dass die Inhalte, die funktionieren, nicht immer die sind, mit denen sie sich wohlfühlen oder die sie selbst präferieren.

Gute Gründe für Social-Media-Nutzung

Schaut man auf den Ursprung der Parasozialität, zeigt sich, dass in der parasozialen Beziehungsform zwischen Fans und Stars ähnlich *positive Gefühle* wie bei Face-to-Face-Beziehungen hervorgerufen werden (Tukachinsky, 2010). Auch auf die Lebenszufriedenheit haben parasoziale Beziehungen vor Social Media positive Effekte (Adam & Sizemore, 2013). Inwiefern diese Effekte auf Social-Media-Parasozialität übertragbar sind, muss allerdings weiterhin untersucht werden. Während einige Ähnlichkeiten, wie die Asynchronität der Bedeutung, fortbestehen, sind doch einige Qualitäten verändert. Beispielsweise ist die Individualisierung bei Social-Media-Parasozialität höher, weil Fanaktivitäten Face-to-Face deutlich weniger zentral sind.

Aber auch im aktuellen Kontext von Social Media zeigen Studien manche positiven Effekte. Dazu zählen *Stressabbau* und *Bewältigung von Krisen*, beispielsweise durch ein Gemeinschaftsgefühl in der Community, Zugang zu Information und gemeinsamer Bewältigung (Kausar et al., 2021). Aber nicht nur in Bezug auf Krisen kann die Gemeinschaft einen positiven Effekt haben, es zeigen sich auch *Reduktion von Stigma* und *Reduktion von Vorurteilen* (Hoffner & Bond, 2022). Diese Effekte stellen sich durch Normalisierung (z. B. Body-Positivity-Inhalte) oder auch Zugang zu anderen Sicht- und Seinsweisen ein und verringern negative Effekte, zum Beispiel negatives Bodyimage durch das Darstellen von »real bodies« (Tiggemann & Anderberg, 2020). Dahingehend zeigt sich auch, dass Social Media ein als sicher erlebter Ort sein kann, um die eigene Identität zu explorieren.

Die Präsentation von »Gewinnernarrativen« (Fitness,

finanzieller Erfolg) kann über Vergleiche *motivieren* und anspornen und so inspirieren und den Lebensstil über *Entscheidungen positiv beeinflussen* (Meier & Schäfer, 2018). Und Ye et al. (2021) messen positive Effekte auf Einsamkeit und Wohlbefinden, vor allem, wenn Content nicht nur konsumiert, sondern auch produziert wird (und auch einen gewissen Erfolg erzielt). Wird Inhalt auch produziert, zeigt sich zudem, dass Nutzerinnen und Nutzer mit einem starken Bedürfnis nach externaler Validierung dieses Bedürfnis stillen können, wenn sie Erfolg mit der Selbstdarstellung haben (Sciara et al., 2021).

Ganz generell zeigt sich, dass es eine *reflektierte* und *steuerbare* Nutzung von parasozialen Beziehungen geben kann, die von Nutzerinnen und Nutzern als positiv und für ihr Leben bereichernd erlebt wird. Sie besorgen sich Informationen, lassen sich inspirieren und sehen es als Vorteil, beispielsweise Zeit für Recherchen zu sparen. Sie empfinden keine negative Beeinträchtigung bei der Nutzung und fühlen sich in der Lage, mögliche negative Einflüsse zu steuern. In der Regel fällt es diesen Followerinnen und Followern auch leicht, Diskrepanzen zwischen Realität und Fiktion zu bemerken, ohne sie zu rationalisieren und umzudeuten. Sie bilden damit eine pragmatisch-reflektierte und bewusst gesteuerte (meist zeitlich begrenzte) Nutzungsweise aus.

Negative Wirkweisen von parasozialen Beziehungen und Social-Media-Nutzung

Neben diesen positiven Aspekten weist die Forschung vor allem auf *negative Effekte* hin. Ob das an der Suchrichtung liegt oder an einer tatsächlichen Prädominanz, wird an dieser

Stelle nicht genauer betrachtet, allerdings basieren einige der oben genannten positiven Effekte auf einzelnen Messungen, die Langzeiteffekte und kritische Bedeutung – zum Beispiel der punktuellen Stress- oder Einsamkeitsbewältigung, Individualisierung zu Ungunsten von Vulnerabilitäten – vernachlässigen. Kross et al. (2021) argumentieren, die Frage, inwiefern Nutzung negative oder positive Wirkungen hat, entscheide sich an der Art und den Gründen der Nutzung, und die integrative Berücksichtigung von internalen wie externalen Faktoren mag die mitunter widersprüchlichen Ergebnisse erklären.

Bisher untersuchte negative Effekte inkludieren *impulsives* und *suchtähnliches Verhalten*, bei dem die Nutzung zu (Fehl-)Käufen, unverhältnismäßigen und ungeplanten Geldausgaben führen und mit Aufwärtsvergleichen und materialistischem Neid einhergehen kann (Jin et al., 2019). Die *Aufwärtsvergleiche* mit idealisierten Darstellungen sowie Defiziterleben des eigenen Aussehens, Lebensstils oder Kapitals wirken sich dann auch negativ auf *Selbstwert*, *Selbstbewusstsein*, *Zufriedenheit mit dem Körperschema* und *Wohlbefinden* aus (Olivos et al., 2020; Schmuck et al., 2019). Dies schlägt sich in Unzufriedenheit mit dem Selbst und den Lebensumständen nieder, aber korreliert auch mit *Essstörungen* und negativem (und verzerrtem) Weltbild, *Depressionen* und *Angst* (Bettmann et al., 2020; Harriger et al., 2022). Diese Effekte verstärken sich, wenn Influencerin oder Influencer künstliche Avatare sind (Barari, 2023), was darauf hinweist, dass einige negative Effekte mit der stark idealisierten Darstellung zusammenhängen.

Zudem zeigt sich eine recht hohe *selbstberichtete Nutzungsproblematik*, bei der Nutzerinnen und Nutzer ihr eigenes Verhalten als problematisch empfinden und dabei Leidensdruck spüren (Lopez-Fernandez et al., 2017). Ähnliches zeigt sich auch, wenn Nutzerinnen und Nutzer die Zeit, die sie online verbringen, bereuen (Zeitverschwendung, geringer oder kein Mehrwert, kein Genuss), Zeitempfinden verzerrt wird (die Zeit rinnt durch die Finger) und negative Effekte auf Leistung, körperliches Wohlbefinden sowie Vernachlässigung von Hobbys und Verpflichtungen und damit zusammenhängende Reue berichtet werden.

Schließlich können parasoziale Beziehungen auch auf *Face-to-Face-Beziehungen* negativen Einfluss haben, zum Beispiel dann, wenn die Beziehungssituation von Phubbing gestört wird (Bröning & Wartberg, 2022) oder parasoziale Beziehungen kompetitiv zu Face-to-Face-Beziehungen Ressourcen einnehmen. Beides wirkt sich negativ auf die Zufriedenheit, auf Beziehungen und im Familienzusammenhang auch auf die Kinder und Jugendlichen aus (Xie et al., 2019; Zhang et al., 2023).

3.8 Digitale Selbst- und Fremd-Kontrolle: Social Media als (un-)sozialer Raum

Kontrollmechanismen und (De-)Monopolisierung

Strukturell sind Social-Media-Plattformen eine Möglichkeit, den Diskurs zu de-monopolisieren und partizipativ zu gestalten sowie mannigfaltige Meinungsbilder abzubilden. In der Praxis wirken sie allerdings eher regulierend, dichotomisierend und polarisierend, und zwar zwischen Subjekten und Gruppen – und auch seitens der Plattformen. Zwischen den Subjekten ist der Ton auf Social Media mitunter rau (Matley, 2018). In *Kommentarspalten, direkten Nachrichten* und über *Posts und Videos* wird oft aggressiv und abwertend auf Inhalte reagiert, eigene Gefühle und anekdotisches Erleben werden als Richtschnur benutzt, während allen Informationen Misstrauen entgegengebracht wird (Park et al., 2022). Deutlich wird dabei ein *»Inhaftnehmen« der ganzen Person* und die Annahme, bei Gedankenäußerungen handele es sich um abgeschlossene Haltungen, nicht Denkprozesse. Es geht dann nicht darum, dem Gesagten argumentativ, fragend oder mit Selbstauskunft zu begegnen, sondern die anderen werden klassifiziert und ad hominem verurteilt (»Du bist ein Misogynist/Trumpwähler/Putinversteher« usw.).

Vereinfachung und Populismus

Statt De-Monopolisierung, Pluralismus und Differenzierung zeigen sich *Gruppenbildung, Populismus, extreme Vereinfachung* und *Polarisierung* (Barberá, 2020; Nordbrandt, 2023; Stegbauer, 2018). Entlang dichotomer und vermeintlich eindeutiger Gruppenbilder ordnen sich Nutzerinnen und Nutzer entsprechend ihrer (polarisierten und vereinfachten) Interessen und Haltungen, ohne Gleichzeitigkeit zuzulassen, dafür aber über postulierte moralische Überlegenheit und wertebasierte Unterschiedlichkeit. Sie differenzieren sich entsprechend der Accounts, denen sie folgen, die wiederum Netzwerke und dann Meinungsblasen bilden und eigene Traditionen und Gedankengebäude konstituieren. So ordnen sich *Traditionen* und *Mechanismen* über Social Media, mit gruppenspezifischen und eindeutigen Haltungen, was richtig und sagbar ist, die sich parallel konstituieren mit genormten Weisen, wie dies auszudrücken ist. Dabei zeichnet sich ein Suchen nach Homogenität für antizipierte Wirklichkeitskonstruktionen ab, die über Zensur und Gruppendynamiken aufrechterhalten werden sowie über vereinfachende und dichotome Zuordnungen in richtig und falsch, und die »Erlaubnis«, Gegenstimmen generalisiert abzuwerten und auszuschließen (zu canceln).

Dogmen und Mantra

Aus der dichotomen Zugehörigkeit und Vereinfachung – man ist in Gänze »dafür« oder in Gänze »dagegen« und steht als ganze Person dafür ein, es gibt keine reziproke Aushandlung, nur follow oder unfollow – gehen auch *Verhaltensregeln* einher (#goodvibesonly: Es herrscht das Dogma der guten Stimmung). Dies wird von der Gruppe als Kollektiv (inklusive eines kollektiven Bewusstseins) reproduziert. Im Einzelnen wird so in Kommentarspalten zensiert, korrigiert oder validiert. Zu beobachten sind Kommentarspalten mit bis zu tausenden Kommentaren, die inhaltlich kongruent sind (beim Thema Body Positivity beispielsweise, wenn betont wird, wie schön eine Person sei, oft mit befremdlichen Übertreibungen à la: »Noch nie habe ich einen schöneren Menschen gesehen«, »Ich bin schwer ergriffen davon, wie du strahlst«). Dies gleicht einem *Gruppenkonsens auf bewusstem Irrtum der gruppeninternen Erwünschtheit und Interessen.* Wie ein Mantra wird kollektiv wiederholt, was erstrebenswert, beruhigend, erleichternd oder wichtig zu glauben und zu erfahren wäre (z. B., dass Schönheitsideale weniger Macht hätten).

Meinungsblasen

Kontrovers geht es zu, wenn Konflikte in die Kommunikation geholt werden. Das heißt nicht, dass *Kontroversen* ausgetragen werden (das gibt es auch, aber seltener), sondern dass innerhalb der Blase das Narrativ gegen die Gegenposition wiederholt und gestärkt wird. Dabei wird auf Gegenpositionen Bezug genommen, beispielsweise durch Reaktionsvideos und Verlinkungen. So konstituieren sich Gruppendynamiken, die miteinander interagieren, sich verknüpfen und abgrenzen und erfassbare *Netzwerke* bilden (Terren & Borge-Bravo, 2021); Accounts werden empfohlen oder es wird vor ihnen gewarnt, Influencerinnen, Influencer und spezifische Haltungen werden entweder unterstützt oder vernichtend verurteilt und die Followerschaft sortiert sich entsprechend entweder als Unterstützung oder Trolls (um intern Schaden anzurichten).

Über die Bildung von Netzwerken (man folgt mehreren einschlägigen Accounts, die sich auch oft aufeinander beziehen und sich damit validieren) sowie über vom interessens- bzw. suchrichtungsbasierten Algorithmus zugespielte Inhalte und die Zensur und Diskreditierung von gegenläufigen Aussagen bilden sich dann quasi *Blasen*, in denen Subjekte erleben, dass sie im Recht sind und ihre Haltung die dominierende Haltung ist. Trotz Medienkompetenz (»Alle wissen das!«) kann es dann so wirken, als sei der eigene Diskurs dominierend. Nutzerinnen und Nutzer äußern mitunter, es wirke so, als ob »alle gendern«, »niemand mehr gendert«, »alle queer sind«, »Flache-Erde-Weltanschauungen den Diskurs kippen« und vieles mehr. Trotz besseren Wissens also konstituiert sich so eine umfassende Umgebung, in der die jeweilige Weltanschauung als dominante und legitime oder einzig gültige Wahrheit konstituiert wird.

Cancel Culture

Dabei gibt es Dynamiken, bei denen sich eine *Cancel Culture* ausbildet, zu der öffentliche Beschämung, Abwertung und kollektives Unfollowing gehören. Die so ausgeübte kreative Kontrolle kann verheerend für Karrieren oder Organisationen sein und jahrelang anhalten (Anderson-Lopez et al., 2021; Velasco, 2020)[14].

Dieser subtile *Kontrollmechanismus* wirkt ordnend (Foucault, 2016 [1975]) und kann jederzeit jeden und jede treffen, da jeder und jede, Triggerwarnung und moralisch korrekte Ausdrucksweise hin oder her, einer anderen Haltung nicht entsprechen wird – vor allem, wenn danach gesucht wird. Dies führt dann unumwunden zur Diskreditierung der ganzen Person und sogar aller dazugezählten Personenkreise und Institutionen (Patel et al., 2023). Was derzeit *en vogue* ist, gesagt werden soll und darf, ist stark von der jeweiligen Gruppe und deren Diskursmacht abhängig und bestimmt, in welche Richtung etwaiges Cancelling verläuft, ob es in der antizipierten Bahn bleibt und welche Wirkung es außerhalb von Meinungsblasen entfaltet.[15]

---

14 Prominente aktuelle Beispiele sind Bud Light, das nach einer Kampagne mit Dylan Mulvaney boykottiert wurde, Disney, das aufgrund von Sexualisierungsvorwürfen boykottiert wird, und Joanne K. Rowling, die als transfeindliche Feministin betitelt und öffentlich diffamiert wurde.

15 Während Bud Light starke Einbußen auf dem Markt gemacht hat, das Cancelling also über eine Meinungsblase hinaus Wirkung entfaltete, hat Joanne K. Rowling ihre Umsätze gesteigert und die Wirkung verblieb eher symbolischer Art und auf spezifische Meinungsgruppierungen begrenzt.

3.9 Rückwärts in die Zukunft? Geschlechterrollen auf Instagram

Im Bereich des *Feminismus* etabliert sich seit Jahren ein *Online-Aktivismus* in einem diversifizierten Feld[16], bei dem sich gegen (Cyber-)Misogynie und Bullying gegenüber Frauen (und in Verlängerung gegenüber allen marginalisierten Gruppen) mit Kampagnen und Bewegungen eingesetzt wird (z.B. #metoo oder @byefelipe), indem beispielweise Geschichten und Screenshots geteilt werden (Shaw, 2016; Ging & Siapera, 2018). Aber auch aus technischer Perspektive wird online Misogynie aufgegriffen, beispielsweise mit der Entwicklung von Detectionsoftware.

Für *heterosexuelle Männlichkeit* bilden sich aktivistische Gruppierungen, die als *Manosphere* bezeichnet werden und auch ein diversifiziertes Feld darstellen. Dazu zählen #redpill oder #incel. Bei der *Incel-Bewegung* handelt es sich um unfreiwillig zölibatär lebende Männer (*in*voluntary *cel*ibate men). Es gibt aber auch erfolgreich datende Männer, die eine frauenfeindliche, emotional kühle Haltung ausbilden, eine Art *Pick-up-Artist-Szene* bilden und sich mithin »Alphas« oder »Alphamänner« nennen (van Valkenburgh, 2021). Je nach Narrativ berufen sie sich aus viktimisierender Haltung (Han & Yin, 2023), patriarchaler oder biologischer Überlegenheit auf evolutionäre, aber auch neoliberale Strategien und Skilltraining,

16 Die hier dargestellten Strömungen sind nur wenige Stimmen in einem unübersichtlichen Feld von Haltungen, bei denen teilweise dieselben Bezeichnungen verwendet werden; radikaler Feminismus kann beispielsweise nicht mit Männerfeindlichkeit gleichgesetzt werden, auch wenn der Hashtag derzeit mitunter so genutzt wird.

um Frauen, die sie als austauschbar konstituieren, zu erreichen; Frauen gelten dabei als natürlich böse, was die Unterdrückung durch Männer und Gewalt sowie patriarchale bzw. hegemoniale Strukturen legitimiert (O'Malley et al., 2020; Palma, 2023).

Dating-Albträume: #tindernightmares

Bei Social Media (hier Instagram) werden über Hashtags und dazugehörige Accounts auch im Kontext von Dating und Beziehung Erlebnisse und Schockierendes aus der mobilen Online-Dating-Welt geteilt und die eigenen Interpretationen validiert – zu einem nachvollziehbar hohen Unterhaltungswert und dementsprechendem Erfolg: Der Account @tindernightmares verzeichnet bis dato 1,7 Millionen Followerinnen und Follower und wurde als (halb-)öffentliche Gegenmaßnahme zur »toxischen Maskulinität« und zu Datingstrategien von Männern ins Leben gerufen (Hess & Flores, 2018). Diese Maßnahme konnte einige Erfolge verzeichnen, allerdings konstituieren sich heute auch hörbare Gegenpositionen. Diese entstehen aber nicht so sehr im Austausch miteinander, im gegenseitigen Korrektiv, sondern in Polarisierung, die eine relevante Diskursmacht über die einschlägigen Netzwerke hinaus erreicht und sich bis in den *Mainstream*, in die Gesellschaft hinein auswirkt (Marwick & Caplan, 2018). Damit geht ein *Revival von altbekannten Stereotypen* einher, über die sich eine Verhärtung von Geschlechterverhältnissen über einschlägige Netzwerke abzeichnet (Banet-Weiser & Miltner, 2015).

#radfem und #redpill: Movements auf Instagram

Unter den Hashtags #radfem für radikalen Feminismus und #redpill für archetypische, traditionalistische Männlichkeit (und jeweils weitere dazugehörige Hashtags) werden Erfahrungen geteilt und daraus Negativ- und Positivblaupausen für Geschlechterrollen, Beziehungen und angemessene Verhaltensregeln abgeleitet[17]. Diese Diskurse sind wirkmächtig und reichen über signifikante Accountgrößen in Mediendiskurse und Gesellschaft hinein.

Die Abwertung der Männer: Haarige Pos und emotionale Verarmung

Im Diskurs des *radikalen Feminismus* werden Männer unter anderem als emotional verarmt, ungepflegt, dreckig (»Who needs another hairy butcrack on the clean sheets?«) und entweder als armselig, triebgesteuert und/oder gefährlich charakterisiert.

Datingberichte und die dazugehörigen Interpretationen scheinen geprägt von Enttäuschung und schlechten Erfahrungen, bei denen Männer Grenzen überschritten, respektlos, geizig, peinlich, verlogen und »creepy«, also unheimlich, seien und nicht vertrauenswürdig agierten. Auf sie sei kein Verlass, sie benutzten Frauen (oft sexuell, aber auch emotional), brächen Kontakt einseitig und zusammenhangslos ab. Dahingehend werden Geschichten geteilt von »erbärmlichen Datingerfahrungen« (pathetic dates) bis zu »Ekel erregenden Körpermerkmalen und Verhalten« (the ick factor),

17 Gleichzeitig gibt es auch gegenläufige emanzipatorische Bewegungen in einem diversifizierten Feld, die sich gegen Traditionalismus (@willhitchinoder, @wastarasagt, @dustinpoynter) oder (neue) Kategorisierung aussprechen (@cristinacataman, @volaneart) oder sich für queere Vielfalt einsetzen (@saskiamichalski, @gazelleishername, @gialu.mx).

emotional belastenden Beziehungsverläufen und Abbrüchen sowie Außenbeziehungen.

Das konstituierte *Männerbild* ist davon geprägt, dass sie insgesamt wertlos, animalisch-verroht und wenn nicht gefährlich, dann zumeist impotent (sexuell, monetär, charakterbezogen) seien. Als Frau gelte es dann, sich zu schützen und sich nicht um diese Männer zu bemühen. Betont wird, dass Frauen sich für mittelmäßige Männer zu sehr anstrengen würden, zu angepasst seien, sich zu viel gefallen lassen würden und sich abhängig verhielten, obwohl es dazu keinen Anlass mehr gäbe (»There is always one hot girl waiting for a mediocre guy with no money to call her«). Dahingehend wird kollektiv der Pakt geschlossen, sich als Alphafrauen zu verstehen, sich gegenseitig zu unterstützen, Freundschaften zu gründen, sich mit derlei Männern nicht mehr abzugeben und ihnen auch keinen Sex mehr zu bieten. Angeschlossen werden neben den digitalen Supportgruppen und Coachings auch physische Reisen und Partys, auf denen beispielsweise Männer nicht teilnehmen dürfen (@lalalaletmeexplain, @shallonxo).

Im Kontrast wird ein *positives Bild von Männlichkeit* entworfen, was von Fitness, erwachsener Jugendlichkeit, Liberalisierung und einer Kombination von moderner Emotionalität bei Stärke, Dominanz (monetär und körperlich) und Respekt gegenüber Frauen geprägt ist. Der Mann soll versorgen können, aber dies als romantischen Akt tun, nicht zur Unterwerfung oder aus Notwendigkeit. Als Gegenmaßnahme zur eigenen Erniedrigungserfahrung werden Männer damit mitunter explizit sexualisiert.

Von *Frauenseite wird theoretisiert*, dass Männer mit liberalisierten und emanzipierten Frauen nicht zurechtkämen

(»Alle wollen starke Frauen, bis sie welche daten und merken, dass sie nicht mitkommen«), weil dann ihre eigene Schwäche zutage tritt, und dass sie Verhaltensregeln an den Tag legen, die ihrer eigenen Potenz nicht entsprechen (z. B. für eine Frau und Familie aufzukommen oder diese sexuell zu befriedigen).

Die Abwertung der Frauen: Emanzipation als Bedrohung des menschlichen Fortbestehens

Männer konstituieren Frauen andersherum als über-anspruchsvoll und arrogant (»Bitches«), damit unerreichbar und anstrengend, unattraktiv (z. B. übergewichtig, asymmetrisch), monetär motiviert (»Golddigger«) oder umtriebig (»Schlampen« und damit dreckig, oft bezogen auf Geschlechtskrankheiten, aber auch Hygiene) und in allen diesen Fällen als Ehefrau unpassend (»no wifey material«).

Die *Datingerfahrung* der #redpill-Männer ist ebenfalls von Enttäuschung geprägt, bei denen Frauen als undatebar erlebt werden. Berichtet wird von Geldverlust durch Ausnutzen, Neurosen und Attitüde, ambivalentem und damit unzuverlässigem sowie emotionalem und irrationalem Verhalten, parallelem Dating, was als respektlos verstanden wird, und Hinterhältigkeit (beispielsweise beim Verschweigen leiblicher Kinder).

Die *rote Pille* (angelehnt an den Film *Matrix*) zu nehmen, bedeutet dann, die *wahrhaftige Natur der Frauen zu erkennen* und als Konsequenz nicht mehr zu daten, sich von den Frauen abzuwenden und auf sich zu konzentrieren (explizit ohne homosexuelle Beweggründe) – Fitness, Karriere, Freundschaften, Hobbys. Für RedPiller gilt es zu lernen, Frauen zurückzuweisen, nicht auf sie hereinzufallen, sich vor (Geld-)Verlusten,

Geschlechtskrankheiten, vor dem Großziehen von Kindern anderer Männer zu schützen und auf die eigene Männlichkeit und traditionalistische Werte zu konzentrieren. Dies soll dann langfristig zum Finden einer adäquaten Frau verhelfen. Dazu gruppieren sich unterstützende Online- wie Offline-Angebote mit Dating-, Fitness- und Finanzcoaches und Pickup-Artists, um die Chancen bei den »guten Frauen« zu erhöhen und selbst wertig positioniert zu sein.

Das *Idealbild der Frau* wird traditionell genannt und derlei wertige Frauen sollen jung, schön, gesund, angepasst, dezent, jungfräulich (»You don't want a wife who had dates [vielleicht ist eher Sex gemeint] with five guys before you«) und charmant, fröhlich, naiv sein und sich gerne in eine submissive Haltung unterordnen. Ihre Rolle ist es, dem Mann bei seinem harten Leben Freude zu bereiten und ihn mütterlich zu umsorgen, ein Heim zu schaffen, Kinder zu bekommen und als Sexpartnerin für ihn da zu sein.

Aus Sicht der Manosphere wird *theoretisiert*, dass sexuelle Liberalisierung und Emanzipation zur entfremdeten Selbstunterwerfung der Frau führen. Diese bediene im Endeffekt eine männliche Sexualität und ermögliche Ausbeutung von Frauen quasi als Selbstausbeutung, was diese wiederum nicht erkennen würden (was als dumm dargestellt wird). Emanzipation bedrohe dann programmatisch (oft wird eine Agenda unterstellt) den Fortbestand der Menschheit aufgrund der Eindämmung von Fortpflanzung, der Auflösung der Kernfamilie und religiöser Werte. Sie halten traditionalistische und biologistische sowie patriarchale Werte und Ordnung hoch, bei denen der Mann dominiert und versorgt und sich die Frau natürlicherweise und gerne unterordnet.

Die Abwertung des eigenen Geschlechts: Projektion, Abwehr und Ambivalenzen

Beide Bewegungen *grenzen sich auch innerhalb ihres Geschlechts* ab, beispielsweise Männer, die nicht erkennen würden, dass sie die Verlierer der Emanzipation sind, und die auf liberalisierte Frauen hereinfallen, BluePiller genannt. Radikal feministische Frauenbewegungen werfen Frauen mitunter vor, dass sie Männerverhalten zuließen, das dann allen Frauen schadet.

Trotz expliziter Abwendung drehen sich die Bewegungen allerdings um das andere Geschlecht und entwerfen Strategien, Verhaltensregeln und Kontexte samt angeschlossener Industrien (Coaching, Beauty), in denen eine Annäherung dann hoffentlich stattfinden kann. Männer sollen beispielsweise durch dunkle, feminine Energie betört werden und Männer sollen daran arbeiten, attraktiv und potent genug zu sein, um Frauen zu finden, die in die Überhöhung passen. Eine anerkennende oder ergebnisoffene Begegnung oder konstruktiver Austausch und damit auch die Möglichkeit zu erkennen, dass vielleicht schon alles Notwendige im Gegenüber vorhanden ist, um die Nähe zu erreichen, die man ersehnt, findet in der ausbleibenden Begegnung, Interpretation von Begegnungen, Polarisierung und Abwertung allerdings kaum statt.

Das skizzierte Feld ist dabei *ambivalent* und die jeweils entworfenen Idealbilder *inkonsistent*. So gelten viele Forderungen gleichzeitig für beide Positionen, manchmal sogar besetzt mit demselben Begriff. Männern wird beispielsweise sowohl Dominanz im Sinne von Unterdrückung oder Bedrohung vorgeworfen, während sie gleichzeitig als sexualisiertes Bild von Potenz gewünscht wird; Frauen wird

Emotionalität in irrationaler und anstrengender Form vorgeworfen, aber gleichzeitig wird sie als Zeichen von Weiblichkeit eingefordert; sie sollen emotionale Arbeit leisten und die Ratio Männern überlassen.

Aber auch theoretisierend zeigen sich *Ambivalenzen*, die die Einordnung schwierig und eine Draufsicht relevant machen; während sich neben den Bewegungen, die sich explizit mit Hegemonie, Macht und Geschlecht auseinandersetzen, auf implizite und auf inkorporierte Weise altbekannte Geschlechtsstereotype fortschreiben (Butkowski et al., 2020; Jorge et al., 2023; Döring et al., 2016), verändern sich Ordnungen der Männlichkeit über die Manosphere. Dort zeigt sich nämlich nicht nur altbekannte patriarchale Männlichkeit, sondern es wird eine neue hegemoniale Macht entworfen, die auch aus einem Opferstatuts (z. B. erfolglos bei Frauen zu sein) Macht zu generieren versucht (Ging, 2019).

3.10 Beziehung im Wandel: Wieso Parasozialität alle angeht

Nun könnte man wieder fragen: *»Na und, was geht es mich an?«* Und wieder ist die Antwort: Einiges! Parasoziale Beziehungen sind bereits *mitten im Leben*, entweder primär im eigenen Alltag oder sekundär über andere und die sich etablierenden Gewohnheiten, Traditionen und Normen; spätestens in der Materialisierung über das Digitale hinaus ist die Social-Media-Nutzung und damit einhergehend parasoziale Beziehungsverarmung bedeutsam für Subjekte, Beziehungen und die gesellschaftliche Ordnung und geht bei Weitem nicht nur Nutzerinnen und Nutzer[18] an.

Es sind nicht »die Anderen«

Zunächst ist schlicht das Endgerät *ständiger Begleiter und Bestandteil des Alltags*; ist man gerade nicht online, hat man zumeist doch das Smartphone im näheren Umfeld und in Hör- oder Reichweite (Hardley & Richardson, 2021)[19], es liegt unterm Kopfkissen, sitzt beim Familiendinner mit am Tisch, navigiert einen geografisch und wird habituell zur Verlängerung des Selbst. So schleicht es sich in Alltagssituationen ein, wenn etwa der Teenager gegenüber unterm Tisch kurz checkt, was es Neues gibt, wenn im Restaurant das Date Phubbing betreibt oder man selbst das Konzert filmt. Dabei wird, fast unbemerkt, zur Nutzung aufgerufen, und das Handy hat als Artefakt hohe Priorität und wirkt trennend und entfremdend zwischen Welt und Subjekten (Rosa, 2013, 2018). So zeigt sich, dass alleine die Gegenwart eines Endgerätes die Zufriedenheit mit der sozialen Begegnung negativ beeinflusst (Rosa, 2020).

Das Parasoziale als Lebenswelt

Wie gezeigt, geht es bei der Social-Media-Nutzung aber nicht nur und vielleicht auch gar nicht vorrangig um die Nutzung an sich, sondern um die Figuren im Endgerät, an die man sich

18 Oder gar nur diejenigen mit einer leidensdruckbegründeten problematisierten Nutzungsgewohnheit. Memes beispielsweise sind inzwischen Teil der Kommunikation und Kultur (Mihailidis, 2020).

19 Nicht umsonst wird bei fast jeder Veranstaltung (mitunter flehend) gebeten, die Handys auszuschalten, von Kirche bis Varieté.

bindet, auf die man sich bezieht und die eine Rolle für das Selbst und die Bewältigung vom Leben spielen. Während mit dem Endgerät also eine *Dauerleitung zur Außenwelt* bereitsteht und über den Körper zur angewöhnten Nutzung auffordert, konstituieren sich eigene Wirkmechanismen und Beziehungen, die Funktionen erfüllen; es ist dann ein *Zweck an sich*. Genutzt wird das Endgerät also weniger als Kanal, um in Kontakt zu anderen zu treten, sondern um dort, im digitalen Raum, Anliegen auszutragen. Als solches ist es auch kompetitiv, fordert Aufmerksamkeit, Zeit und Geld – also Ressourcen – und erfüllt Bedürfnisse. Das Selbst wird an den virtuellen Raum herangetragen, zum Beispiel zur Selbstregulation oder Belohnung, und mit dorthin verlagerten *Teilen des Lebens* verändert es seinen (begrenzten) Resonanzraum (Rosa, 2019).

Gleichzeitig wird das Digitale zum Ort, in dem (auch) gelebt wird, Rollen, Gewohnheiten und Normen gelernt und geübt werden. Das Selbst wird also unter spezifischen Bedingungen erfahrbar und der gelernte Umgang schreibt sich ins »reelle« (Beziehungs-)Leben fort.

Während die digitale Suche nach Beziehung kognitiv und unmittelbar befriedigt werden mag, steigt trotzdem erlebte Einsamkeit (Ernst et al., 2022; Tang et al., 2023) – man könnte von digitaler *Vereinsamung in Bezug auf Subjekt und Beziehungen* sprechen (Willberg, 2023). Trotz ständigem Kontaktangebot wirkt das Parasoziale vereinzelnd (Degen et al., 2022); auf die parasoziale Beziehung ist in der Not nur insofern Verlass, als sie ein dogmatisches und verlässliches Narrativ anbietet, was sich heilsam anfühlen mag, im Innersten aber doch als Scheinwahrheit erlebt wird und nur in Ausnahmen und in den Grenzen des Digitalen Gegenseitigkeit bedeutet (durch Teilen von Spendenaufrufen beispielsweise). Salopp gesagt: Bei der Lieblingsinfluencerin einziehen, wenn man in Wohnungsnot ist, wird auf jeden Fall nichts.

Der amputierte Körper

Im virtuellen Raum geht es dabei in der Regel wenig um den *Körper*[20]. Wichtig ist für das Virtuelle nur die Aufmerksamkeit, die das Auge dem Display schenkt. Darüber hinausreichende Körperlichkeit oder gar Gesundheit sind nur dann nicht nachrangig, wenn der Konsum eingeschränkt würde; solange aber körperliche Warnsignale von Kognition und Emotion überlagert werden, wird der Körper vernachlässigt und auch Körperwissen (u. a. Intuition, Nervensystem) spielt keine größere Rolle. Bis dato ist aber die verbreitete Nutzung – solange nicht Fitnessvideos als Training genutzt werden – bewegungsarm und abgesehen vom Berühren des Displays auch wenig sensuell oder sinnlich (bis die Sexroboter etabliert sind: Matyjas, 2022). Rhythmisches Swipen mag körperlich befriedigend sein, hat aber kaum positive Wirkung auf den Bewegungsapparat. Auch andere positive Spillover-Effekte in Bezug auf *Erleben* und *sinnliche Erfahrung* (Schweitzer & Schweitzer, 2022) sind beschnitten, und selbst die Eins-zu-eins-Begegnung im virtuellen Raum (die Luxusversion der parasozialen Beziehung) amputiert den Körper und führt zur Erschöpfung in der Technosphäre (Pace Gianotta, 2019;

20 Wer kennt sie nicht, die apokalyptischen Memes mit Menschen mit langen Fingern und Buckeln, die ihre Körperhaltung evolutionär der Endgerätnutzung anpassen; an Bahnhöfen sieht man das Bild allerdings bereits live.

Poferl et al., 2023) – alle kennen die Zoom-Fatigue aus den Zeiten der Pandemie.

Rationalisiertes Beziehungsminimum

Subjektwissenschaftliche Perspektiven zeigen, wie sich die Ideen von Liebe und Beziehung kulturspezifisch verändern und im westlichen Kulturkreis eine Tendenz zur Trennung von Leiblichkeit und Geist – Emotionalität und Rationalität – vorangetrieben wird, die auch Werte und Bewertung verändern (Danziger, 1997; Gergen & Gergen, 1995). In dieser Entwicklung schreibt sich die Parasozialität als wachsende Größe in die Ideen und Logik ein und wirkt mithin katalysierend. Über das Auslagern von Anteilen der *Beziehungsfunktionen und Beziehungsweisen* wird in neoliberaler Logik erlebt, gelernt und normalisiert, dass soziale Beziehungen einseitig, dass Subjekte und ihre Bedürfnisse Mittel zum ökonomischen Zweck anderer sein dürfen, dass das Selbst nur in der Masse zählt, kleinste Zuwendungen (wenn überhaupt) für die Aufrechterhaltung von Beziehungen ausreichen (müssen) und es genügt, Zeitzeuge oder Zeitzeugin anderer Figuren zu sein, während auf eine eigene Bezeugung des Lebens und Gegenseitigkeit verzichten werden kann. Bis in die Privatheit hinein wird so eine neoliberale Rolle inkorporiert, in der man ist, was man investieren kann: Welche Influencer-Artefakte kann ich in mein Leben bringen? Kann ich mir Direktnachrichten über OnlyFans sichern und es mir leisten, gesehen zu werden? So pusht die Gig-Ökonomie über Parasozialität ein neoliberales Selbst nicht nur aufseiten der Influencerinnen und Influencer als Produzierende, sondern auch aufseiten der Followerschaft als Konsumierende (Archer, 2019; Sredl, 2018; Watts, 2022).

Offene Fragen zum lebenswerten Leben

Das sind nur einige Aspekte der Wirkung von Parasozialität und ihrer Wirkweise auf Subjekte, ihre Wahrnehmung, Entscheidungen, Verhalten, Ziele und Normen, Sozialität und das Fortschreiben (Kausalität soll nicht unterstellt werden, es mag eine gleichzeitige Bewegung sein) von digitaler Ordnung in gesellschaftliche Ordnungen im »Real Life«. Aus *ethischer Perspektive* kann sich gesellschaftlich gefragt werden, was es bedeutet, wenn sich derlei Phänomene konstituieren und fortschreiben. Ist es erstrebenswert, wenn Subjekte Beziehungen an ihrer unmittelbaren Annehmlichkeit messen und Anteile ins Parasoziale auslagern? Werden Zusammenhänge und Komplexität, die über die Länge eines Reels hinausgeht, verlernt, mit verkürzter Aufmerksamkeitsspanne und Interessensverlust? Ist es nicht Handlungslähmung, wenn Aktivismus durch Likes abgefedert wird? Verliert sich das gute Argument im Einfachen und in Dichotomien? Gelten Idealbilder, Stereotype, Normen und Ziele, die sich unter spezifischen kommunikativen Mechanismen ausbilden, dann auch im »Real Life«, wo sie sich fortschreiben? Ist es ethisch erwünscht, dass digitale Kanäle für viele (auch und verstärkt marginalisierte Gruppen) der einzige Weg sind, in Kontakt zu stehen? Sollen Face-to-Face-Interaktionen darauf abgestimmt werden, wie sie sich digital abbilden lassen?

4 Parasoziale Verarmung und ihre Gegenmittel

4.1 Parasozialität als trennender Mechanismus

Parasozialität in Annäherung und Beziehung erschwert Begegnung programmatisch

Über digitale Kanäle und Felder (Dating, Beziehung, Sex) schreiben sich also ineinandergreifend vom unzufälligen individuellen Erleben in zigtausendfacher Wiederholung und über Plattformen hinweg Diskurse in sozialen Verhältnissen fort, die dann vereinzelnd wirken, *Annäherung und Beziehung programmatisch* erschweren und über validierte (verzerrte, einseitige) Sichtweisen Missverständnisse wahrscheinlicher machen. So scheint genau das, was gesucht und gebraucht wird – Annäherung, bedeutsame Begegnung und Fülle (Schneider, 2020) – auf die Art, wie sie hergestellt werden soll, unerreichbar. Resonanz (wie Intimität, Begegnung, Liebe) als spontaner Zustand entzieht sich dabei dem Versuch der Kontrolle (Rosa, 2019). Ohne einen Souverän zu unterstellen, scheint das Digitale wie eine Humanität ad absurdum führende Technisierung zu wirken, der trotz Bewusstsein von Subjektseite mit wenig Kompetenz und Widerständigkeit begegnet wird, der aber zutiefst menschliche Bedürfnisse für unmittelbare Vorteile geopfert werden und so Trennung von

Emotion und Kognition auf Subjektebene und Vereinzelung auf subjekt- und sozial-ökonomischer Ebene vorangetrieben werden.

Und die positiven Wirkweisen?

Auch die *Psychologie und ihre Wissenschaft* lässt sich dieser Logik einverleiben (Rose, 1989; Sugarman, 2015) und versucht – entgegen der recht augenscheinlichen Problemlagen wie steigender Einsamkeit (Ernst et al., 2022; Twenge et al., 2021) und Einsamkeit in Korrelation mit Social-Media-Nutzung (Tang et al., 2023) –, Positives zu messen. Es erinnert an die (ethisch fragwürdigen) Messungen der Arbeitspsychologie, die bei Stressoren eine positive Wirkung nach vorne stellen (z. B. wenn gezeigt wird, dass prekäre Arbeit zu Kreativität führt) und die Psychologie damit zum neoliberalen Vehikel ver- und von der Subjektwissenschaft abkommen lässt (Holzkamp, 1972; Rose, 1989). Fraglich ist doch, unter *welchen Bedingungen* und zu welchem Preis Social-Media Einsamkeit entgegenwirkt. Klar funktioniert mobiles Online-Dating (manchmal), vor allem, wenn die App nunmehr die einzige erlebte Möglichkeit der Begegnung in einem ansonsten resonanzarmen und politisch riskanten öffentlichen Raum darstellt: Sind das wirklich unsere »*Good News*«?

4.2 Beziehungs(-in-)kompetenz: Perspektiven auf (sexuelle) Bildung

Thematisch und mit Bildungsauftrag ist auch die *(sexuelle) Bildung* mit dem Thema Annäherung und Beziehung betraut. Hier liegt die Chance, profunde Kompetenz auszubilden und präventiv zu wirken. In der Praxis zeigen sich dabei gravierende Lücken, die sich um die Themen der parasozial beeinflussten Annäherungspraxis, Beziehungskompetenz und Sexualität drehen.

Perspektiven auf sexuelle Bildung

Die sexuelle Bildung spannt sich *normativ aufgeladen* und *interessengeleitet* (Heyn, 2023; Lemke, 2022; Siemoneit, 2022; Stein, 2023) zwischen den Polen von Konservatismus und Repression über moderate, liberalisierte Positionen hin zu (neo-)emanzipatorischen Haltungen auf. Auf diesem Spektrum finden sich etliche ausdifferenzierte Positionen, die sich zumeist kontrovers gegenüberstehen. Einigkeit herrscht dahingehend, dass es um das Wohl der Kinder und Jugendlichen, um Schutz vor Gewalt (Kammholz, 2024) und mit dem Begriff der *Bildung* (nicht mehr Aufklärung oder Erziehung) um einen lebenslangen und ganzheitlichen Prozess gehen soll, der nicht nur physische Unversehrtheit, sondern psychische Gesundheit und Wohlbefinden mitdenkt (Böhm, 2022).

Uneinigkeit herrscht hingegen über Zielgruppen (z.B. Alter), Vermittlungskontext (Familie, Schule, Institution) und Inhalte (Biologie, Bedeutung, Identität, oder das Notwendige vs. das Maximale).

Technisiert und versachlicht

Die *Herausforderungen der sexuellen Bildung* sind vielzählig. Einige begründen sich im aktuellen Sog zur Technisierung (bis zur Vulgarität) und Vereinfachung, über die zu lösen versucht wird, was sich für alle schwer (be-)greifen lässt. Dahingehend wird auf der Ebene des »Was« (technisiert) verhandelt, was komplex und teilweise im Subtilen und Impliziten liegt (also im »Wie«). Es werden zwar Probleme erfasst (z. B. in Bezug auf Social-Media-Nutzung), aber kaum die werte- und bedeutungsbasierte Ebene adressiert (Thuswald, 2022). Wie auch, wenn die Antworten komplex und mitunter außerhalb von Kompetenz und Überblick der Erwachsenen liegen? Im Versuch, das zu lösen, kann es nicht explizit genug zugehen, mit genauen Anleitungen zu Praktiken, Fragebögen und Checklisten. Die Hoffnung scheint zu sein, über technisches Wissen Erfüllung verfügbar machen zu können[1] – Sex, Identität und Beziehung als Skill.

Komplexes, Ambivalentes und Ungeklärtes wird dabei zugunsten von vermeintlicher Eindeutigkeit zurückgewiesen; »vermeintlich« deshalb, weil die Wirkweisen der Inhalte nicht gesichert sind und bis dato dazu nicht hinreichend stichhaltige Untersuchungen vorliegen (Degen, 2024b). Statt dem »unheimlich Fremden des Sexuellen« oder auch eigener Unwissenheit und Ambivalenz Platz einzuräumen, gilt ein Dogma des unmittelbaren und »konfliktfreien Wohlbefindens« und »diktierten Genusses« (Hartmann, 2023; Hartmann et al., 2024; Zengler, 2022, 2024).

Dass (auch technisches) Wissen Grundlagen bildet und zu einer Form von Informiertheit führt, die dann auch konsensuellem und sichererem Verhalten messbar dienlich ist, soll gar nicht bestritten werden (Döring, 2022b; Nagoski, 2015;

1 Neben Social-Media-Kanälen gibt es auch einschlägige Plattformen, die eine technisierende Perspektive auf gelingende Sexualität vorantreiben, z. B. lilli.ch oder beducated.com.

Schmidt et al., 2023), nur scheint es in der Logik der Verkürzung und Ebene des schamlos expliziten den neoliberalen, individualisierenden und (Leiblichkeit und Menschlichkeit) entfremdenden Entwicklungen zuzuspielen. Kurzum: Es bedarf mehr als Technik, um in Resonanz zu treten, Lust und Sinn zu erleben.

Lehrkräftebildung und Schule: »Wenn es so einfach wäre«

Lehrkräfte und Menschen in sozialen Berufen haben meist eine stark verkürzte oder gar keine *Ausbildung zum Themenkomplex* (Urban et al., 2022; Wienholz, 2022) und bringen natürlich eigene verzerrende Erfahrungen und persönliche Themen mit (Kubitza, 2022). Aber selbst die, die thematisch vorbereitet sind, fühlen sich zumeist unzureichend kompetent in Bezug auf Social Media, mobiles Online-Dating und Pornografienutzung, von einer reflektierten Draufsicht auf Diskurse und Wirkweisen ganz abgesehen; wie auch, in einem Forschungsfeld, das ambivalent und lückenhaft ist und Lehrkräfte wie Menschen in sozialen Berufen mit den Herausforderungen weitestgehend alleine lässt (Degen, 2023c, 2024b).

Sexuelle Bildung und Social Media

Alle diese Themen rund um Parasozialität haben aber besondere Relevanz für Jugendliche und (junge) Erwachsene. Die *thematischen Verkürzungen* und *vereinfachende Logik* schreiben sich auch auf Social Media fort, wo sich nicht nur Jugendliche, sondern auch Fachkräfte Informationen holen (Degen, 2023b). In 60-Sekunden- bis Drei-Minuten-Formaten wird dort »Bildung« kommuniziert, deren Inhalt bis hin zur Fehlinformation verkürzt und insgesamt von höchstens heterogener Qualität ist (Döring, 2022b; Kubitza & Böhm, 2023). Das Niveau der Online-Aufklärung mag sich etwa folgendermaßen illustrieren lassen: »Wenn nur alle Männer die Größe der Klitoris kennen würden, löse sich der Orgasmus-Gap.« Auf Sachebene werden sicherlich *auch* wertvolle Informationen über Social Media vermittelt, Kompetenzen allerdings, über (Fun-)Facts hinaus, werden vereinfacht, zurückgewiesen oder (hilflos) ausgespart.

Damit unterwirft sich die sexuelle Bildung selbst der parasozialen Logik, und zwar auf (mindestens) drei Ebenen: Indem sie einerseits eigene Inhalte auf kurze Formate und falsche Eindeutigkeit verkürzt und dort ausspielt, Akteurinnen und Akteure selbst auf derlei verkürzte Inhalte zurückgreifen und indem sie die Bedarfslage für parasoziale Kompetenz unzureichend adressiert.

Parasoziale Kompetenz

Für die sexuelle Bildung mag eine tiefgehende Auseinandersetzung mit eigener Kompetenz, Formaten und Wissenstransfer anstehen, bei der mit Ernsthaftigkeit Komplexität verhandelt wird, was verkürzte Versachlichung nicht zu greifen vermag – »so einfach ist es nicht«. Dabei kann auch anstehen, zu überprüfen, inwieweit sich das Feld selbst den Diskurslogiken wie Polarisierung, Vereinfachung, Vereindeutigung, Dichotomisieren und Beziehungssubstitution unterwirft. Und vielleicht kann in dem Zuge auch diskutiert werden, inwiefern nicht gerade (ein Rest an) Mystik, dem Gesuchten inhärent, gewollt und für Resonanz gar notwendig ist.

Ein Ziel könnte sein, *parasoziale Kompetenz* auszubilden,

die der Einverleibung (Menschen, die Rohmaterial von Technik werden) entgegenwirkt und angeeignete Modi im Digitalen und gelingende Begegnung neben dem Digitalen wahrscheinlicher macht, also auf Mechanismen und Bedeutung abzielt.

Konkret könnte dies durch ergänzende Perspektiven auf Korporealität (inklusive Übungen), Raum für Uneindeutigkeit und Verborgenes und Innensicht versucht und insgesamt damit ein Raum der Begegnung geschaffen werden, in dem es auch darum geht, mit Visionen und höheren Werten in Kontakt zu treten: In welcher Welt will ich daten, Sex haben und Beziehungen führen und wie kann ich dazu beitragen? Dabei kann es auch darum gehen, selbst während des Lehrens vorzuleben, wie Begegnung stattfindet – als gemeinsames Fühlen. Kurzum, sexuelle Bildung könnte dann das verkörperte Gegenteil einer versachlichten sexuellen Bildung per App sein.

4.3 Angeeignete Modi: Überlegungen für Therapie und Beratung

Apokalyptische Szenarien und *Visionen einer Ent-Technisierung* scheinen weder zukunftsweisend noch konstruktiv und sind vielleicht auch gar nicht angebracht (Dornes, 2012; Milzner, 2016). Während kritische Perspektiven sicherlich Berechtigung haben und Fragen zu *Humanismus*, *Würde*, *Werten* und *Ethik* zentral stehen können, gibt es aus psychologisch-beratender/therapeutischer Perspektive *pragmatischere Überlegungen für die gelingende Lebenspraxis*.

»Unbedenkliche« Nutzung

Zunächst kann betont werden, dass eine Vielzahl von Menschen keine problematische Nutzung erleben. Pornografie, mobiles Online-Dating und Social Media sind nicht nur funktional, sondern scheinen die Lebensqualität für eine Vielzahl von Nutzerinnen und Nutzern nicht unmittelbar einzuschränken und neben »repressiven« auch »emanzipierte Nutzungsweisen« zu ermöglichen (Dekker, 2012; Döring, 2019; Döring & Mohseni, 2019). Zumindest gehen diese als unbedenklich bewerteten Praxen nicht mit explizitem Leidensdruck einher; ob sie einem sinnlich-erfüllten und sozial eingebetteten Leben dienen, bleibt bis dato ungeklärt und sollte aus Sicht der Autorin ergebnisoffen thematisiert werden.

Bei der als unbedenklich geltenden Nutzung kommt es auf den Modus der Nutzung an. Wird das Endgerät genutzt, *»um zu leben«*, also um sich Leben anzueignen, sind gefährdende Effekte scheinbar gering und digital vermittelte Intimität kann gelungener Teil von Nähe und Beziehung sein, die mitunter unnötig (und moralisierend) problematisiert wird (Thorhauge et al., 2020).

Der angeeignete Modus

Eine *angeeignete Nutzung* gelingt dann, wenn sich das Selbst produziert. Das kann im Digitalen sein, wenn Musik produziert, Kunst geschaffen oder ein Hobby ausgelebt wird (Kleeberg-Niepage & Degen, 2022), oder wenn online Informationen gesucht werden, um sich Leben anzueignen, wenn Rezepte recherchiert und nachgekocht oder Reisen geplant und auch angetreten werden. Dabei scheint den meisten auch die Zeit nicht verschwendet, sondern sie zeichnet sich entweder durch *Flow-Erleben* oder *pragmatische Zufriedenheit* aus. Etwaige negative Nutzungseffekte werden dann kreativ und durch Verändern der Nutzungsstrategie gelöst.

Auch die Nutzung *zum Kontakthalten und für Cyber-Intimität* scheint unproblematisch. Beziehungen und Freundschaften, die digital gepflegt oder auch erst zustande kommen, können eine Bereicherung des Lebens sein und auch exkludierten und marginalisierten Subjekten (als *Substitut*!) helfen. Das gilt auch für intime Beziehungen, in denen Technik genutzt wird, um auch über Distanz intim zu sein, um Sexualität auszuleben, um im Austausch zu stehen, um am Leben teilzuhaben (Pym et al., 2023).

Konsumiert werden

Eindeutiger problematisch sind hingegen die Modi, bei denen der *Mensch zum Rohmaterial* – das Subjekt zum Objekt – wird und von der Technik und den Akteurinnen und Akteuren dahinter genutzt, also *»konsumiert«* wird (O'Doherty et al., 2019; Schraube, 2024). Argumentiert wird hier neben der eindeutig problematischen Nutzung für eine generell stattfindende digitale Vereinsamung, Verringerung von Beziehungsqualität und Beziehungskompetenz, die durch die kompetitive parasoziale Beziehungsanbahnung und -führung das Erreichen der Ziele mithin verhindern. Auch aktiv und bewusst handelnde Subjekte können ein deprimierendes, entfremdendes Leben mit Beziehungssubstituten in Begegnung mit sich und anderen leben. Ähnlich dem Paradox des Wollen-Wollens (Eck, 2017) konstituiert sich das Paradox des Beziehung-Wollens, wobei die Suche quasi programmatisch zum Nicht-Finden und zur Beziehungslosigkeit führt (Spiegel, 2021; Twenge et al., 2021).

Zeichen für eine *problematische Nutzung* – auch ungeachtet von pathologisierter, problematisierter oder suchtähnlicher Nutzung – sind Angst, das Gefühl, Zeit zu verschwenden, entgegen Intuition und Körpersignalen zu handeln, mehr Zeit und Geld als gewollt zu investieren sowie negative Effekte auf Verpflichtungen, Beziehungen, Interessen oder Aktivitäten hinzunehmen oder noch zu verstärken; oder insgesamt die Bewertung, ein deprimierendes Leben zu führen, nämlich eins, was unangeeignet vollzogen wird.

Neue Kontexte, neue Praxis

Für die zahlenmäßig wachsenden digitalen Beratungssettings ist die gute Botschaft, dass auch im Digitalen Beziehungen, und damit sicher auch therapeutische Beziehungen, etabliert werden können, deren Spezifika und Grenzen allerdings noch weiter erfasst werden können (Roesler & Bröning, 2024). Für die beratende und therapeutische Praxis könnte thematisch und drängend anstehen, Parasozialität als aktuellen Kontext *fundamental zu berücksichtigen*; digitale Welten haben Bedeutung, auch bevor sie sich pathologisch aufdrängen.

In Bezug auf das Gegenüber (aber auch zur eigenen Reflexion) kann eine Idee sein, die Parasozialität und den Einzug haltenden Transhumanismus (die Verlängerung des Menschen um Technik) bezüglich Verhalten, System und psychische Bedeutung mitzudenken. Dahingehend können zunächst die *Qualität und jeweilige Bedeutung* miteinbezogen werden; es deuten sich bereits Typiken und Vulnerabilitäten an, die aber noch nicht stichhaltig erfasst sind. Es kann eine

Chance darin liegen, die digital etablierten Mechanismen zu verstehen und sich ihnen neugierig *zuzuwenden*: Parasoziale Beziehungen sind Teil des sozialen Systems, der Lebensführung und beeinflussen insgesamt den Lebensmodus. Als solches gilt: Der Verlust eines Followings ist bedeutsam, der Verlust eines Influencers/einer Influencerin kann bedeutsam und krisenbehaftet sein und genauso die Art der Suche nach Partnerin oder Partner spezifisch herausfordernd im mobilen Online-Dating-Setting. Und auch Wahrnehmung von Welt kann signifikant von Parasozialität und deren Mechanismen beeinflusst sein (etwa wenn die Welt ohne Filter grau erscheint).

Korrektive Richtung

Eine korrektive Richtung kann *De-Polarisierung* und *De-Dämonisierung* der anderen mit pluralistischer Akzeptanz sein, die ohne Triggerwarnung und Angst vor Diffamierung, sondern durch *(Rück-)Besinnung auf geteilte Werte* (Teney & Rupieper, 2022) funktionieren kann. Dabei hilft der geteilte Blick auf dahinterliegende Bedürfnisse (auch der »hairy butcrack« sucht Anerkennung), und statt Reaktivität kann der eigene Einfluss als *Rückbesinnung auf höhere Werte* (z. B. den anderen das Beste zu unterstellen) und das Über-Ich geltend gemacht werden: »In welcher Welt möchte ich leben und wie möchte ich wirken?« So kann die Wirkkraft der subjektiven Handlung in Bezug auf Mediatisierung, aber auch generell in Bezug auf die subjektive und gesellschaftliche Ordnung betont werden – mindestens für das Selbst wirkt das umgehend, auf die Dauer vielleicht auch gesellschaftlich (Holzkamp, 2006 [1975]).

Begegnung ohne Publikum

Zu den Strategien können auch *(Kommunikations-)Kompetenz* und *bewusste Hinwendung* sowie der Wille, Komfort gegen Tiefe zu tauschen, also Mittelbares über Unmittelbares zu stellen, zählen (Schnarch, 1991). Es gibt mehr als einen Pärchenpodcast, in dem wiederholt betont wird, wie froh man sei, diese Zeit zum Sprechen zu haben, und nicht wenige Paare äußern, sie wünschten sich, so miteinander sprechen zu können (z. B. Family Feelings; Paardiologie). Für Paare, Familien und auch ein einzelnes Selbst kann gelten, zu üben, dass es auch oder vor allem ohne Audienz wertvoll sein kann, sich sich selbst, dem Gegenüber und der Beziehung zuzuwenden (Clement, 2004, 2016). Es bedarf keines Podcasts, um ins Zwiegespräch (Moeller, 2002) zu gehen, Beziehung ist ein Zweck an sich.

Leiblichkeit als Werkzeug

Leiblichkeit kann als Zugang zum Selbst und als Werkzeug, um in *Beziehung zur Welt* zu treten, dienen, Entfremdung entgegenwirken und beispielsweise über Körperarbeit (re-)aktiviert werden (Röhricht, 2011). Der Körper kann dabei als Beobachtungselement und als Werkzeug zum (Wieder-)Herstellen eines (sinnlichen) Kontakts zur Welt dienen (Poferl et al., 2023; Storch et al., 2018; Sztenc, 2021). Pragmatisch kann, ähnlich wie beim Slow Sex (Döring, 2022a), eine *Slow-Nutzungsweise* überlegt werden, die sich in gesunder Nutzung intuitiv einstellen mag, aber auch über Reflexion und körperliche Übung oder über eine responsive Psychoedukation erreicht werden und neue Spielräume beim Nutzungsverhalten eröffnen kann. Insgesamt mag es darum gehen, bewusst zu gestalten – zu nutzen, nicht benutzt zu werden.

4.4 Was bleibt von der Liebe zwischen Online-Dating und Social Media?

Was bleibt also von der Liebe zwischen mobilem Online-Dating und Social Media? Das *Nötigste* als *Substitut*, mag die Antwort sein – das Parasoziale ersetzt Beziehungsfunktionen, aber krückenhaft und zu einem hohen Preis. Ohne antiquiert wirken zu wollen, findet eine *genuine Begegnung* in der Parasozialität kaum statt, und mehr noch: Sie erschwert Beziehungen neben ihr und kann das Bedürfnis nach anerkennender Begegnung und dem Wunsch, »erkannt zu werden« (Sternberg & Sternberg, 2019), nur schwerlich erfüllen. Liebe, als Triebkraft im Leben (Sadjiroen et al., 2022), die sich in der Praktik der Begegnung und Beziehung niederschlägt, verarmt.

Frage nach Gestaltung

Nach dem Erkenntnisstand stellt sich abschließend die Frage nach der Gestaltung: Wie wollen wir Beziehung führen? Wie wollen wir uns begegnen und unter welchen sozialen und digitalen Bedingungen kann das (anerkennend, liebend, humanistisch) gelingen? Was möchten wir an der Parasozialität und ihren Möglichkeiten bewahren und was wollen wir nach den aktuellen Erfahrungen verändern, sodass Resonanz und ein angeeignetes Leben trotz und mit Technisierung gelingen können?

Danksagung

Ich danke herzlichst den Probandinnen und Probanden, die mit ihrem Vertrauen und ihrer Zeit die vorliegenden intimen Einblicke erst ermöglicht haben. Mein Dank gilt auch Andrea Kleeberg-Niepage, Sonja Bröning und Andreas Jaszczuk für das gemeinsame Nachdenken und Forschen, Mechthild Böhme für das Lektorat, Jule-Louisa Gronau für die unermüdliche Assistenz und den Studierenden, die über die Jahre etliche Vorgänge akribisch dokumentiert und Daten gesammelt haben.

Literatur

Abidin, C. (2015). Communicative Intimacies: Influencers and Perceived Interconnectedness. *Ada: A Journal of Gender, New Media, and Technology, 8*, 1–16.

Abidin, C. (2018). Layers of Identity: How to Be »Real« When Everyone Is Watching. In J. Pooley (Hrsg.), *Social Media & the Self: An Open Reader*. https://doi.org/10.32376/3f8575cb.a3133b0f

Adam, A. & Sizemore, B. (2013). Parasocial Romance: A Social Exchange Perspective. *Interpersona: An International Journal on Personal Relationships, 7*(1), 12–25.

Adamczyk, K., Janowicz, K. & Mrozowicz-Wronska, M. (2022a). Never-Married Single Adults' Experiences with Online Dating Websites and Mobile Applications: A Qualitative Content Analysis. *New Media & Society*. https://doi.org/10.1177%2F14614448221097894

Adamczyk, K., Morelli, N.M., Segrin, C., Jiao, J., Park, J.Y. & Villodas, M.T. (2022b). Psychometric Analysis of the Dating Anxiety Scale for Adolescents in Samples of Polish and U.S. Young Adults: Examining the Factor Structure, Measurement Invariance, Item Functioning, and Convergent Validity. *Assessment, 29*(8), 1869–1889. https://doi.org/10.1177%2F10731911211017659

Aho, K. (2007). Simmel on Acceleration, Boredom, and Extreme Aesthesia. *Journal for the Theory of Social Behaviour, 37*(4), 447–462. https://doi.org/10.1111/j.1468-5914.2007.00345.x

Ahrbeck, B., Etschenberg, K. & Felder, M. (2022). Neo-Emancipatory Sex Education in Germany: Sexual Abuse and Gender Confusion. *Dignity: A Journal of Analysis of Exploitation and Violence, 7*(1), Article 2.

Ajzen, I. & Fishbein, M. (1977). Attitude-Behavior Relations: A Theoretical Analysis and Review of Empirical Research. *Psychological Bulletin, 84*(5), 888–918.

Aldunate, N. & González-Ibáñez, R. (2017). An Integrated Review of Emoticons in Computer-Mediated Communication. *Frontiers in Psychology, 7*. https://doi.org/10.3389/fpsyg.2016.02061

Anderson-Lopez, J., Lambert, R.J. & Budaj, A. (2021). Tug of War: Social Media, Cancel Culture, and Diversity for Girls and the 100. *Kome, 9*(1), 64–84. https://doi.org/10.17646/kome.75672.59

Andrighetto, L., Riva, P. & Gabbiadini, A. (2019). Lonely Hearts and Angry Minds: Online Dating Rejection Increases Male (but not Female) Hostility. *Aggressive Behavior, 45*(5), 571–581. https://doi.org/10.1002/ab.21852

Archer, C. (2019). Social Media Influencers, Post-Feminism and Neoliberalism: How Mum Bloggers' »Playbour« Is Reshaping Public Relations. *Public Relations Inquiry, 8*(2), 149–166. https://doi.org/10.1177/2046147X19846530

Are, C. (2021). The Shadowban Cycle: An Autoethnography of Pole Dancing, Nudity and Censorship on Instagram. *Feminist Media Studies, 22*(8), 2002–2019. https://doi.org/10.1080/14680777.2021.1928259

Arun, C. (2021). Making Choices: Social Media Platforms and Freedom of Expression Norms. In L. C. Bollinger & A. Callamard (Hrsg.), *Regardless of Frontiers: Global Freedom of Expression in a Troubled World* (S. 275–287). Columbia University Press. https://doi.org/10.7312/boll19698-015

Atiyeh, B. S., Chahine, F. & Abou Ghanem, O. (2021). Social Media and Plastic Surgery Practice Building: A Thin Line Between Efficient Marketing, Professionalism, and Ethics. *Aesthetic Plastic Surgery, 45*(3), 1310–1321. https://doi.org/10.1007/s00266-020-01961-2

Banet-Weiser, S. & Miltner, K. (2015). #MasculinitySoFragile: Culture, Structure, and Networked Misogyny. *Feminist Media Studies, 16*(1), 171–174. https://doi.org/10.1080/14680777.2016.1120490

Barari, M. (2023). Unveiling the Dark Side of Influencer Marketing: How Social Media Influencers (Human vs Virtual) Diminish Followers' Well-Being. *Marketing Intelligence & Planning, 41*(8), 1162–1177. https://doi.org/10.1108/mip-05-2023-0191

Barberá, P. (2020). Social Media, Echo Chambers, and Political Polarization. In N. Persily & J. A. Tucker (Hrsg.), *Social Media and Democracy: The State of the Field, Prospects for Reform* (S.34–55). Cambridge University Press.

Bauman, Z. (2003). *Liquid Love: On the Frailty of Human Bodies.* Polity Press.

Belanche, D., Casaló, L. V., Flavián, M. & Ibáñez-Sánchez, S. (2021). Building Influencers' Credibility on Instagram: Effects on Followers' Attitudes and Behavioral Responses toward the Influencer. *Journal of Retailing and Consumer Services, 61*, 102585. https://doi.org/10.1016/j.jretconser.2021.102585

Berger, V. (2023). Mediatized Love: A Materialist Phenomenology of Tinder. *Social Media + Society, 9*(4). https://doi.org/10.1177/20563051231216922

Berkowitz, D., Tinkler, J., Peck, A. & Coto, L. (2021). Tinder: A Game with Gendered Rules and Consequences. *Social Currents, 8*(5), 491–509. https://doi.org/10.1177/23294965211019486

Bettmann, J. E., Anstadt, G., Casselman, B. & Ganesh, K. (2020). Young Adult Depression and Anxiety Linked to Social Media Use: Assessment and Treatment. *Clinical Social Work Journal, 49*(3), 368–379. https://doi.org/10.1007/s10615-020-00752-1

Bivens, R. & Hoque, A. S. (2018). Programming Sex, Gender, and Sexuality: Infrastructural Failures in the »Feminist« Dating App Bumble. *Canadian Journal of Communication, 43*(3), 441–459. https://doi.org/10.22230/cjc.2019v44n3a3375

Blackhart, G. C., Fitzpatrick, J. & Williamson, J. (2014). Dispositional Factors Predicting Use of Online Dating Sites and Behaviors Related to Online Dating. *Computers in Human Behavior, 33,* 113–118. https://doi.org/10.1016/j.chb.2014.01.022

Böhm, M. (2022). Sexualerziehung vs. sexuelle Bildung – Eine Debatte aktueller sexualpädagogischer Begriffe und Konzepte. *Zeitschrift für Sexualforschung, 35*(1), 33–34. https://doi.org/10.1055/a-1744-4389

Boerman, S. C. (2020). The Effects of the Standardized Instagram Disclosure for Micro- and Meso-Influencers. *Computers in Human Behavior, 103,* 199–207. https://doi.org/10.1016/j.chb.2019.09.015

Bonilla-Zorita, G., Griffiths, M. D. & Kuss, D. J. (2021). Online Dating and Problematic Use: A Systematic Review. *International Journal of Mental Health and Addiction, 19*(6), 2245–2278. https://doi.org/10.1007/s11469-020-00318-9

Broeker, F. (2023). »We Went from the Anonymity of the Internet into My Private WhatsApp«: Rituals of Transition Among Dating App Users in Berlin. *New Media & Society, 25*(10), 2551–2571. https://doi.org/10.1177/14614448211029200

Bröning, S. & Wartberg, L. (2022). Attached to Your Smartphone? A Dyadic Perspective on Perceived Partner Phubbing and Attachment in Long-Term Couple Relationships. *Computers in Human Behavior, 126,* 106996. https://doi.org/10.1016/j.chb.2021.106996

Butkowski, C. P., Dixon, T. L., Weeks, K. R. & Smith, M. A. (2020). Quantifying the Feminine Self(ie): Gender Display and Social Media Feedback in Young Women's Instagram Selfies. *New Media & Society, 22*(5), 817–837. https://doi.org/10.1177/1461444819871669

Büttner, M., Tschöke, S. & Gleixner, J. (2021). Sexarbeit und psychische Gesundheit. *Trauma & Gewalt, 15*(4), 296–314. https://doi.org/10.21706/tg-15-4-296

Carlson, B. & Day, M. (2021). Love, Hate and Sovereign Bodies: The Exigencies of Aboriginal Online Dating. In A. Powell., A. Flynn & L. Sugiura (Hrsg.), *The Palgrave Handbook of Gendered Violence and Technology* (S. 181–201). Palgrave Macmillan. https://doi.org/10.1007/978-3-030-83734-1_10

Casaló, L. V., Flavián, C. & Ibáñez-Sánchez, S. (2020). Influencers on Instagram: Antecedents and Consequences of Opinion Leadership. *Journal of Business Research, 117,* 510–519. https://doi.org/10.1016/j.jbusres.2018.07.005

Cheng, C., Lau, Y., Chan, L. & Luk, J. W. (2021). Prevalence of Social Media Addiction across 32 Nations: Meta-Analysis with Subgroup Analysis of Classification Schemes and Cultural Values. *Addictive Behaviors, 117,* 106845. https://doi.org/10.1016/j.addbeh.2021.106845

Cheong, M. (2022). Social Media Harms as a Trilemma: Asymmetry, Algorithms, and

Audacious Design Choices. *2022 IEEE International Symposium on Technology and Society (ISTAS)*, 1–8. https://doi.org./10.1109/ISTAS55053.2022.10227099.

Clement, U. (2004). *Systemische Sexualtherapie*. Klett-Cotta.

Clement, U. (2016). *Dynamik des Begehrens*. Carl Auer.

Cohen, J. & Holbert, R. L. (2021). Assessing the Predictive Value of Parasocial Relationship Intensity in a Political Context. *Communication Research, 48*(4), 501–526. https://doi.org/10.1177/0093650218759446

Collins, T. J., Thomas, A. & Harris, E. (2023). Unwanted and Unfollowed: Defining Ghosting and the Role of Social Media Unfollowing. *Personal Relationships, 30*(3), 939–959. https://doi.org/10.1111/pere.12492

Comunello, F., Parisi, L. & Ieracitano, F. (2020). Negotiating Gender Scripts in Mobile Dating Apps: Between Affordances, Usage Norms and Practices. *Information, Communication & Society, 24*(8), 1140–1156. https://doi.org/10.1080/1369118x.2020.1787485

Courtois, C. & Timmermans, E. (2018). Cracking the Tinder Code: An Experience Sampling Approach to the Dynamics and Impact of Platform Governing Algorithms. *Journal of Computer-Mediated Communication, 23*(1), 1–16. https://doi.org/10.1093/jcmc/zmx001

Cruz, G. V. (2023, 13. Juli). Many on Dating Apps Are already in Relationships or Aren't Seeking Actual Dates, New Study Finds. *NBC News*. https://www.nbcnews.com/pop-culture/lifestyle/many-online-daters-arent-seeking-actual-dates-rcna94163

Cummings, J. J. & Mays, K. (2021). Trait Motivational Reactivity as a Predictor of Online Dating App Behavior. *Computers in Human Behavior, 121*, 106775. https://doi.org/10.1016/j.chb.2021.106775

D'Angelo, J. & Toma, C. L. (2016). There Are Plenty of Fish in the Sea: The Effects of Choice Overload and Reversibility on Online Daters' Satisfaction with Selected Partners. *Media Psychology, 20*(1), 1–27. https://doi.org/10.1080/15213269.2015.1121827

Danziger, K. (1997). *Naming the Mind: How Psychology Found its Language*. Sage Publications.

Dekker, A. (2012). *Online Sex: Körperliche Subjektivierungsformen in virtuellen Räumen*. transcript.

Degen, J. L. (2021). >500 Entscheidungen am Tag. (Online-)Dating zwischen transzendenter Hoffnung, programmatischer Enttäuschung und bedingter Verbindlichkeit. In A. Nassehi (Hrsg.), *Falsch Wählen. Kursbuch Online Nr. 207*, 46–58.

Degen, J. L. (2023a). »Teach Love«: Psychologische Weiterbildung zur sexuellen Bildung und Beziehungskompetenz im digitalen Format. *Zeitschrift für Sexualforschung, 36*(1), 34–40. https://doi.org/10.1055/a-2011-2305

Degen, J. L. (2023b). Rationalizing Fiction Cues: Psychological Effects of Disclosing Ads and the Inaccuracy of the Human Mind when Being in Parasocial Relationships.

Informing Science: The International Journal of an Emerging Transdiscipline, 26, 85–101. https://doi.org/10.28945/5108

Degen, J. L. (2023c). »I Feel Like a Sex Ed Wizard Now«: Critical Community Psychology Applied in Digital Education for Teachers on the Topic of Sex Education. *International Review of Theoretical Psychologies, 2*(1), 72–93. https://doi.org/10.7146/irtp.v2i1.142792

Degen, J. L. (2024a). Bedeutung, Gefahren und Chancen von mobilem Online-Dating im Kontext von Partnersuche & Beziehungen. In C. Roesler & S. Bröning (Hrsg.), *Paarbeziehung im 21. Jahrhundert: Psychosoziale Entwicklungen und Spannungsfelder* (S. 133–150). Kohlhammer.

Degen, J. L. (2024b). Neo-emanzipatorisches Aufklärungsmaterial in der Sexuellen Bildung auf dem Prüfstand: »Wenn ich am Bullerbü-Gymnasium mit Analfisting komme, dann fallen die alle in Ohnmacht«. *Der Pädagogische Blick, 31*(3).

Degen, J. L. & Kleeberg-Niepage, A. (2021). Profiling the Self in Mobile Online Dating Apps: A Serial Picture Analysis. *Human Arenas, 6,* 147–171. https://doi.org/10.1007/s42087-021-00195-1

Degen, J. L. & Kleeberg-Niepage, A. (2022). The More We Tinder: Subjects, Selves and Society. *Human Arenas, 5,* 179–195. https://doi.org/10.1007/s42087-020-00132-8

Degen, J. L. & Kleeberg-Niepage, A. (2024). The Negative Circuit of Mobile-Online Dating: Reconstructing Tinder Fatigue, and the Mechanisms of Instagram Dating. *Sage Open* (in review).

Degen, J. L. & Simpson, S. (2022). Me, My Product and I: Selling Out on #Sustainability. In A. Bush & J. Birke (Hrsg.), *Nachhaltigkeit und Social Media* (S. 143–164). Springer VS. https://doi.org/10.1007/978-3-658-35660-6_7

Degen, J. L., Kleeberg-Niepage, A. & Bal, P. M. (2022). Lost in Context? Critical Perspectives on Individualization. *Human Arenas.* https://doi.org/10.1007/s42087-022-00295-6

Degen, J. L., Bröning, S. & Pistoll, D. (2024a). *The Nature of Parasocial Relationships with Influencers. A New Measure for Parasocial Involvement* (in review).

Degen, J. L., Reichertz, J. & Kleeberg-Niepage, A. (2024b). *Liebe ohne Ende: Liebesbiografische Erzählungen vom Leben.* Springer VS.

Döring, N. (2011a). Der aktuelle Diskussionsstand zur Pornografie-Ethik: Von Anti-Porno- und Anti-Zensur- zu Pro-Porno-Positionen. *Zeitschrift für Sexualforschung, 24*(1), 1–30. https://doi.org/10.1055/s-0031-1271355

Döring, N. (2011b). Pornografie-Kompetenz: Definition und Förderung. *Zeitschrift für Sexualforschung, 24*(3), 228–255. https://doi.org/10.1055/s-0031-128707

Döring, N. (2019). Sexuelle Aktivitäten im digitalen Kontext. Aktueller Forschungsstand und Handlungsempfehlungen für die Praxis. *Psychotherapeut, 64*(5), 374–384. https://doi.org/10.1007/s00278-019-00371-3

Döring, N. (2022a). Slow Sex: Ein Ansatz für entschleunigte und achtsame

Sinnlichkeit. *Zeitschrift für Sexualforschung, 35*(2), 97–101. https://doi.org/10.1055/a-1832-5525

Döring, N. (2022b). Sexualbezogene Online-Fortbildung für Fachkräfte: TikTok. *Zeitschrift für Sexualforschung, 35*(3), 154–159. https://doi.org/10.1055/a-1874-9806

Döring, N. & Mohseni, M. R. (2018). Are Online Sexual Activities and Sexting Good for Adults' Sexual Well-Being? Results from a National Online Survey. *International Journal of Sexual Health, 30*(3), 250–263. https://doi.org/10.1080/19317611.2018.1491921

Döring, N., Reif, A. & Poeschl, S. (2016). How Gender-Stereotypical Are Selfies? A Content Analysis and Comparison with Magazine Adverts. *Computers in Human Behavior, 55*, 955–962. https://doi.org/10.1016/j.chb.2015.10.001

Dornes, M. (2012). *Die Modernisierung der Seele: Kind – Familie – Gesellschaft.* Fischer.

Dröge, K. (2016). Vernetzte Intimität. Online Dating, Liebe und Sexualität. In A. Brunner, F. Kreutler, M. Lindinger, G. Milchram, M. Nußbaumer & H. Sulzenmacher (Hrsg.), *Sex in Wien. Lust. Kontrolle. Ungehorsam* (S. 50–53). Metro VS.

Dröge, K. & Voirol, O. (2011). Online Dating: The Tensions between Romantic Love and Economic Rationalization. *Zeitschrift für Familienforschung, 23*(3), 337–357. https://nbn-resolving.org/urn:nbn:de:0168-ssoar-456740

Dröge, K. & Voirol, O. (2016). Kapitalistische Liebesformen: Online Dating und die produktive Spannung zwischen romantischer Liebe und ökonomischer Rationalisierung. In P. Sachweh & S. Münnich (Hrsg.), *Kapitalismus als Lebensform? Deutungsmuster, Legitimation und Kritik in der Marktgesellschaft* (S. 165–185). Springer VS. https://doi.org/10.1007/978-3-658-12916-3_7

Du, J., van de Kerkhof, P. & van Koningsbruggen, G. M. (2019). Predictors of Social Media Self-Control Failure: Immediate Gratifications, Habitual Checking, Ubiquity, and Notifications. *Cyberpsychology, Behavior, and Social Networking, 22*(7), 477–485. https://doi.org/10.1089/cyber.2018.0730

Duguay, S. (2017). Dressing up Tinderella: Interrogating Authenticity Claims on the Mobile Dating App Tinder. *Information, Communication & Society, 20*(3), 351–367. https://doi.org/10.1080/1369118x.2016.1168471

Duguay, S., Dietzel, C. & Myles, D. (2022). The Year of the »Virtual Date«: Reimagining Dating App Affordances During the COVID-19 Pandemic. *New Media & Society*. https://doi.org/10.1177/14614448211072257

Duncan, Z. & March, E. (2019). Using Tinder® to Start a Fire: Predicting Antisocial Use of Tinder® with Gender and the Dark Tetrad. *Personality and Individual Differences, 145*, 9–14. https://doi.org/10.1016/j.paid.2019.03.014

Dürnberger, C. & Springer, S. (2022). Wanna See My Dog Pic? A Comparative Observational Study of the Presentation of Animals on Online Dating Profiles in Vienna and Tokyo. *Animals, 12*(3), 230. https://doi.org/10.3390/ani12030230

Easterbrook-Smith, G. (2022). OnlyFans as Gig-Economy Work: A Nexus of Precarity and Stigma. *Porn Studies, 10*(3), 252–267. https://doi.org/10.1080/23268743.2022.2096682

Eck, A. (2017). Von der Paradoxie des Wollenwollens zum Sex Worth Wanting: Therapeutische Alternativen zur Lustpille für die Frau. *Familiendynamik, 42*(3), 182–191. https://doi.org/10.21706/fd-42-3-182

Erevik, E.K., Kristensen, J.H., Torsheim, T., Vedaa, Ø. & Pallesen, S. (2020). Tinder Use and Romantic Relationship Formations: A Large-Scale Longitudinal Study. *Frontiers in Psychology, 11.* https://doi.org/10.3389/fpsyg.2020.01757

Ernst, M., Niederer, D., Werner, A.M., Czaja, S.J., Mikton, C., Ong, A.D., Rosen, T., Brähler, E. & Beutel, M.E. (2022). Loneliness Before and During the COVID-19 Pandemic: A Systematic Review with Meta-Analysis. *American Psychologist, 77*(5), 660–677. https://doi.org/10.1037/amp0001005

Evans, D.N. (2019). Full Disclosure: Experimental Analysis of Female Online Dating on Parole. *Journal of Experimental Criminology, 15*(2), 179–199. https://doi.org/10.1007/s11292-019-09357-2

Evans, N.J., Phua, J., Lim, J. & Jun, H. (2017). Disclosing Instagram Influencer Advertising: The Effects of Disclosure Language on Advertising Recognition, Attitudes, and Behavioral Intent. *Journal of Interactive Advertising, 17*(2), 138–149. https://doi.org/10.1080/15252019.2017.1366885

Farber, B.A., Hubbard, E. & Ort, D. (2022). Patients' Experiences of Being »Ghosted« by Their Psychotherapists. *Psychotherapy, 59*(4), 545–553. https://doi.org/10.1037/pst0000454

Feng, Y., Chen, H. & Kong, Q. (2020). An Expert with whom I Can Identify: The Role of Narratives in Influencer Marketing. *International Journal of Advertising, 40*(7), 972–993. https://doi.org/10.1080/02650487.2020.1824751

Fernandes, D. & Junnarkar, M. (2019). Comprehensive Sex Education: Holistic Approach to Biological, Psychological, and Social Development of Adolescents. *International Journal of School Health, 6*(2), 1–4. https://doi.org/10.5812/intjsh.63959

Filice, E., Abeywickrama, K.D., Parry, D.C. & Johnson, C.W. (2022). Sexual Violence and Abuse in Online Dating: A Scoping Review. *Aggression and Violent Behavior, 67,* 101781. https://doi.org/10.1016/j.avb.2022.101781

Foucault, M. (2016 [1975]). Überwachen und Strafen: Die Geburt des Gefängnisses. In D. Klimke & A. Legnaro (Hrsg.), *Kriminologische Grundlagentexte* (S. 333–343). Springer VS. https://doi.org/10.1007/978-3-658-06504-1_20

Fowler, S. & Both, L.E. (2020). The Role of Personality and Risk-Taking on Tinder Use. *Social Sciences & Humanities Open, 2*(1), 100067. https://doi.org/10.1016/j.ssaho.2020.10006

Fromm, E. (2016 [1956]). *Die Kunst des Liebens.* Manesse.

Furlo, N., Gleason, J., Feun, K. & Zytko, D. (2021). Rethinking Dating Apps as Sexual Consent Apps: A New Use Case for AI-Mediated Communication. In J. Birnholtz, L. Ciolfi, S. Ding, S. Fussell, A. Monroy-Hernández, S. Munson,

I. Shklovski & M. Naaman (Hrsg.), *Companion Publication of the 2021 Conference on Computer Supported Cooperative Work and Social Computing (CSCW '21 Companion)* (S. 53–56). Association for Computing Machinery. https://doi.org/10.1145/3462204.3481770

Gal-Or, E. (2020). Market Segmentation on Dating Platforms. *International Journal of Industrial Organization, 68*, 102558. https://doi.org/10.1016/j.ijindorg.2019.102558

Gergen, K.J. (1996). *Das übersättigte Selbst: Identitätsprobleme im heutigen Leben*. Carl Auer.

Gergen, K.J. (2011). *Relational Being: Beyond Self and Community*. Oxford University Press.

Gergen, M.M. & Gergen, K.J. (1995). Narrative Construction of Emotional Life. *Journal of Narrative and Life History, 5*(3), 221–237. https://doi.org/10.1075/jnlh.5.3.04wha

Gersick, A.S. & Kurzban, R. (2014). Covert Sexual Signaling: Human Flirtation and Implications for Other Social Species. *Evolutionary Psychology, 12*(3), 147470491401200. https://doi.org/10.1177/147470491401200305

Ging, D. (2019). Alphas, Betas, and Incels: Theorizing the Masculinities of the Manosphere. *Men and Masculinities, 22*(4), 638–657. https://doi.org/10.1177/1097184X17706401

Ging, D. & Siapera, E. (2018). Special Issue on Online Misogyny. *Feminist Media Studies, 18*(4), 515–524. https://doi.org/10.1080/14680777.2018.1447345

Goffman, E. (2003 [1959]). *Wir alle spielen Theater: Die Selbstdarstellung im Alltag*. Piper.

Grenz, T. & Pfadenhauer, M. (2017a). Kulturen im Wandel: Zur nonlinearen Brüchigkeit von Mediatisierungsprozessen. In F. Krotz, C. Despotović & M.-M. Kruse (Hrsg.), *Die Mediatisierung als Metaprozess: Transformationen, Formen der Entwicklung und die Generierung von Neuem* (S. 187–210). Springer VS. https://doi.org/10.1007/978-3-658-16084-5_9

Grenz, T. & Pfadenhauer, M. (2017b). *De-Mediatisierung: Diskontinuitäten, Non-Linearitäten und Ambivalenzen im Mediatisierungsprozess*. Springer VS.

Haenlein, M., Anadol, E., Farnsworth, T., Hugo, H., Hunichen, J. & Welte, D. (2020). Navigating the New Era of Influencer Marketing: How to Be Successful on Instagram, TikTok, & Co. *California Management Review, 63*(1), 5–25. https://doi.org/10.1177/0008125620958166

Hakim, J. (2018). »Spornosexual«: The Affective Contradictions of Male Body-Work in Neo-Liberal Digital Culture. *Journal of Gender Studies, 27*(2), 231–241. https://doi.org/10.1080/09589236.2016.1217771

Hamilton, V., Soneji, A., McDonald, A.E. & Redmiles, E.M. (2022). »Nudes? Shouldn't I Charge for These?« : Motivations of New Sexual Content Creators on Only-

Fans. *Cornell University*. Computer Science Arxiv. https://doi.org/10.48550/arxiv.2205.10425

Han, X. & Yin, C. (2023). Mapping the Manosphere. Categorization of Reactionary Masculinity Discourses in Digital Environment. *Feminist Media Studies, 23*(5), 1923–1940, http://doi.org/10.1080/14680777.2021.1998185

Hardley, J. & Richardson, I. (2021). Digital Placemaking and Networked Corporeality: Embodied Mobile Media Practices in Domestic Space During Covid-19. *Convergence, 27*(3), 625–636. https://doi.org/10.1177/1354856520979963

Harriger, J.A., Evans, J.A., Thompson, J.K. & Tylka, T.L. (2022). The Dangers of the Rabbit Hole: Reflections on Social Media as a Portal into a Distorted World of Edited Bodies and Eating Disorder Risk and the Role of Algorithms. *Body Image, 41*, 292–297. https://doi.org/10.1016/j.bodyim.2022.03.007

Hartmann, A. (2023). Scham als »Gegenmittel« gegen die Gegenwart: Für eine subjekttheoretische Fundierung der Sexualpädagogik. In K. Trunkenpolz, B. Lehner & B. Strobl (Hrsg.), *Affekt, Gefühl, Emotion: Zentrale Begriffe Psychoanalytischer Pädagogik? Annäherungen aus konzeptueller, forschungsmethodischer und professionalisierungstheoretischer Perspektive* (S. 249–262). Barbara Budrich.

Hartmann, A., Kammholz, M. & Zengler, Y. (2024). »Übe dich im Genuss!« Zur Optimierung sexueller Lust in sexualpädagogischen Angeboten am Beispiel von lilli.ch. Unveröffentlichter Artikel.

Haywood, C. (2018). *Men, Masculinity and Contemporary Dating*. Palgrave Macmillan. https://doi.org/10.1057/978-1-137-50683-2_5

Heino, R.D., Ellison, N.B. & Gibbs, J.L. (2010). Relationshopping: Investigating the Market Metaphor in Online Dating. *Journal of Social and Personal Relationships, 27*(4), 427–447. https://doi.org/10.1177/0265407510361614

Hell, D. (2018). *Lob der Scham: Nur wer sich achtet, kann sich schämen*. Psychosozial-Verlag.

Her, Y.C. & Timmermans, E. (2020). Tinder Blue, Mental Flu? Exploring the Associations Between Tinder Use and Well-Being. *Information, Communication & Society, 24*(9), 1303–1319. https://doi.org/10.1080/1369118x.2020.1764606

Hess, A. & Flores, C.D. (2018). Simply More than Swiping Left: A Critical Analysis of Toxic Masculine Performances on Tinder Nightmares. *New Media & Society, 20*(3), 1085–1102. https://doi.org/10.1177/1461444816681540

Heyn, M. (2023). *Sexualpädagogik im Kreuzfeuer: Der Sexualkunde-Atlas 1969 und die Kritik an schulischer Aufklärung*. Psychosozial-Verlag. https://doi.org/10.30820/9783837978629

Hilbert, M. (2012). Toward a Synthesis of Cognitive Biases: How Noisy Information Processing Can Bias Human Decision-Making. *Psychological Bulletin, 138*(2), 211–237. https://doi.org/10.1037/a0025940

Hoffner, C. & Bond, B.J. (2022). Parasocial Relationships, Social Media, & Well-Being. *Current Opinion in Psychology, 45*, 101306. https://doi.org/10.1016/j.copsyc.2022.101306

Hogg, M. A. (2001). Social Identity and the Sovereignty of the Group: A Psychology of Belonging. In C. Sedikides & M. B. Brewer (Hrsg.), *Individual Self, Relational Self, Collective Self* (S. 123–143). Psychology Press.

Holzkamp, K. (1972). *Kritische Psychologie*. Fischer.

Holzkamp, K. (2006 [1975]). *Sinnliche Erkenntnis: Historischer Ursprung und gesellschaftliche Funktion der Wahrnehmung*. Argument.

Hu, T., Luo, X., Dai, H. & Zhang, X. (2021). Developing a Value Assessment Framework of Habitual Social Media Use: A Grounded Theory Approach. *Journal of Electronic Commerce Research, 22*(2), 128–154.

Illouz, E. (2003). *Consuming the Romantic Utopia*. Campus.

Illouz, E. (2007). *Cold Intimacies: Emotions in Late Capitalism*. Suhrkamp.

Illouz, E. (2018). *The End of Love*. Suhrkamp.

Jenkins, C. (2017). *What Love Is: And what it could be*. Basic Books.

Jergus, K. (2011). *Liebe ist ... Artikulationen der Unbestimmtheit im Sprechen über Liebe. Eine Diskursanalyse*. transcript.

Jin, S. V., Ryu, E. & Muqaddam, A. (2019). Romance 2.0 on Instagram! »What Type of Girlfriend Would You Date?« *Evolutionary Psychology, 17*(1). https://doi.org/10.1177/1474704919826845

Jones, R. A. (1977). *Self-Fulfilling Prophecies: Social, Psychological, and Physiological Effects of Expectancies*. Lawrence Erlbaum Associates.

Jorge, A., Garcez, B., De Carvalho, B. J. & Coelho, A. R. (2023). Parenting on Celebrities' and Influencers' Social Media: Revamping Traditional Gender Portrayals. *Journalism and Media, 4*(1), 105–117. https://doi.org/10.3390/journalmedia4010008

Kaakinen, M., Koivula, A., Savolainen, I., Sirola, A., Mikkola, M., Zych, I., Paek, H. J. & Oksanen, A. (2021). Online Dating Applications and Risk of Youth Victimization: A Lifestyle Exposure Perspective. *Aggressive Behavior, 47*(5), 530–543. https://doi.org/10.1002/ab.21968

Kammholz, M. (2024). Kommentar zu aktuellen Entwicklungen der sexuellen Bildung. *Psychologie Heute, 3*.

Karandashev, V. (2023). Liebe als Vereinigung und Zugehörigkeit. In ders., *Liebe – kulturübergreifend betrachtet* (S. 149–167). Springer. https://doi.org/10.1007/978-3-031-29402-0_8

Karl, K. A., Peluchette, J. V. & Neely, A. R. (2021). »Slip Out the Back Jack«: Why Applicants Ghost Potential Employers. *American Journal of Management, 21*(1). https://doi.org/10.33423/ajm.v21i1.4109

Kausar, M. A., Soosaimanickam, A. & Nasar, M. (2021). Public Sentiment Analysis on Twitter Data during COVID-19 Outbreak. *International Journal of Advanced Computer Science and Applications, 12*(2), 415–422. https://doi.org/10.14569/ijacsa.2021.0120252

Kessling, A., Schmidt, L. D., Brand, M. & Wegmann, E. (2023). Implicit Cognitions in Problematic Social Network Use. *Journal of Behavioral Addictions, 12*(3), 590–598. https://doi.org/10.1556/2006.2023.00035

Kirkegaard, E. O. W. (2018). Self-Reported Criminal and Anti-Social Behavior on a Dating Site: The Importance of Cognitive Ability. *Open Differential Psychology.* https://doi.org/10.26775/odp.2018.01.10

Kleeberg-Niepage, A., & Degen, J. L. (2022). Between Self-Actualization and Waste of Time: Young People's Evaluations of Digital Media Time. In S. Schutter, D. Harring & L. E. Bass (Hrsg.), *Children, Youth and Time* (S. 29–47). Emerald Insights. https://doi.org/10.1108/S1537-466120220000030002

Kohls, E., Baldofski, S., Moeller, R., Klemm, S.-L. & Rummel-Kluge, C. (2021). Mental Health, Social and Emotional Well-Being, and Perceived Burdens of University Students during COVID-19 Pandemic Lockdown in Germany. *Frontiers in Psychiatry, 12.* https://doi.org/10.3389/fpsyt.2021.643957

Kolo, C., Haumer, F. & Roth, A. (2022). Formal Professionalization of Early-Stage Social Media »Influencers«: Attitudinal Drivers and Their Relation to Personality Traits. *International Journal on Media Management, 24*(3), 137–163. https://doi.org/10.1080/14241277.2022.2130324

Kross, E., Verduyn, P., Sheppes, G., Costello, C., Jonides, J. & Ybarra, O. (2021). Social Media and Well-Being: Pitfalls, Progress, and Next Steps. *Trends in Cognitive Sciences, 25*(1), 55–66. https://doi.org/10.1016/j.tics.2020.10.005

Krotz, F., Despotović, C. & Kruse, M. M. (2017). Zur Einleitung – Mediatisierung als Metaprozess: Transformationen, Formen der Entwicklung und die Generierung von Neuem. In F. Krotz, C. Despotović & M.-M. Kruse (Hrsg.), *Die Mediatisierung als Metaprozess: Transformationen, Formen der Entwicklung und die Generierung von Neuem* (S. 13–23). Springer VS. https://doi.org/10.1007/978-3-658-16084-5_1

Kruglanski, A. W. (1989). The Psychology of Being »Right«: The Problem of Accuracy in Social Perception and Cognition. *Psychological Bulletin, 106*(3), 395–409. https://doi.org/10.1037/0033-2909.106.3.395

Kruglanski, A. W. & Ajzen, I. (1983). Bias and Error in Human Judgment. *European Journal of Social Psychology, 13,* 1–44. https://doi.org/10.1002/ejsp.2420130102

Kubitza, E. (2022). Warum Lehrer*innen Handlungswissen im Kontext Sexueller Bildung und der Prävention von sexualisierter Gewalt gegen Kinder und Jugendliche brauchen. In M. Urban, S. Wienholz & C. Khamis (Hrsg.), *Sexuelle Bildung für das Lehramt. Zur Notwendigkeit der Professionalisierung* (S. 21–25). Psychosozial-Verlag. https://doi.org/10.30820/9783837978254

Kubitza, E. & Böhm, M. (2023). Informationen zur reproduktiven Gesundheit in digitalen Medien. Quantitative Inhaltsanalysen ausgewählter deutschsprachiger Websites zum Schwangerschaftsabbruch. *Zeitschrift für Sexualforschung, 36*(4), 203–212. https://doi.org/10.1055/a-2192-5411

Kuchler, B. & Beher, S. (Hrsg.). (2014). *Soziologie der Liebe. Romantische Beziehungen in theoretischer Perspektive*. Suhrkamp.

Lauckner, C., Truszczynski, N., Lambert, D., Kottamasu, V., Meherally, S., Schipani-McLaughlin, A. M., Taylor, E. & Hansen, N. B. (2019). »Catfishing,« Cyberbullying, and Coercion: An Exploration of the Risks Associated with Dating App Use among Rural Sexual Minority Males. *Journal of Gay & Lesbian Mental Health, 23*(3), 289–306. https://doi.org/10.1080/19359705.2019.1587729

Leaver, T., Highfield, T. & Abidin, C. (2020). *Instagram: Visual Social Media Cultures*. Polity.

Lee, J. A., Sudarshan, S., Sussman, K. L., Bright, L. F. & Eastin, M. S. (2021). Why Are Consumers Following Social Media Influencers on Instagram? Exploration of Consumers' Motives for Following Influencers and the Role of Materialism. *International Journal of Advertising, 41*(1), 78–100. https://doi.org/10.1080/02650487.2021.1964226

Lemke, R. (2022). Ablehnen, anprangern, beleidigen: Sexualitätsbezogene Meinungsdynamiken im Internet. *Zeitschrift für Sexualforschung, 35*(4), 221–228. https://doi.org/10.1055/a-1964-3817

Li, L., Wang, Z., Zhang, Q. & Wen, H. (2020). Effect of Anger, Anxiety, and Sadness on the Propagation Scale of Social Media Posts after Natural Disasters. *Information Processing and Management, 57*(6), 102313. https://doi.org/10.1016/j.ipm.2020.102313

Lopes, M. R. & Vogel, C. (2017). Women's Perspective on Using Tinder: A User Study of Gender Dynamics in a Mobile Device Application. In *SIGDOC '17: Proceedings of the 35th ACM International Conference on the Design of Communication*. Association for Cumputing Machinery. https://doi.org/10.1145/3121113.3121220

Lopez-Fernandez, O., Kuss, D. J., Romo, L., Morvan, Y., Kern, L., Graziani, P., Rousseau, A., Rumpf, H., Bischof, A., Gässler, A., Schimmenti, A., Passanisi, A., Männikkö, N., Kääriänen, M., Demetrovics, Z., Király, O., Chóliz, M., Zacarés, J. J., Serra, E., Griffiths, M. D., Pontes, H. M., Lelonek-Kuleta, B., Chwaszcz, J., Zullino, D., Rochat, L., Achab, S. & Billieux, J. (2017). Self-Reported Dependence on Mobile Phones in Young Adults: A European Cross-Cultural Empirical Survey. *Journal of Behavioral Addictions, 6*(2), 168–177. https://doi.org/10.1556/2006.6.2017.020

Luhmann, N. (1994). *Liebe als Passion: Zur Codierung von Intimität*. Suhrkamp.

Maitra, D., Allen, K., Hermolle, M. & Adisa, O. (2023). *Sexual Harassment in Public Spaces: Communicating Harms and Challenging Perpetration*. University of Suffolk.

Mannheim, K. (1980). *Strukturen des Denkens*. Suhrkamp.

Marwick, A. E. & Caplan, R. (2018). Drinking Male Tears: Language, the Manosphere, and Networked Harassment. *Feminist Media Studies, 18*(4), 543–559. https://doi.org/10.1080/14680777.2018.1450568

Mason, C. L. (2016). Tinder and Humanitarian Hook-Ups: The Erotics of Social Media

Racism. *Feminist Media Studies, 16*(5), 822–837. https://doi.org/10.1080/14680777.2015.1137339

Matley, D. (2018). »Let's See how many of you Mother Fuckers Unfollow me for this«: The Pragmatic Function of the Hashtag #Sorrynotsorry in Non-Apologetic Instagram Posts. *Journal of Pragmatics, 133*, 66–78. https://doi.org/10.1016/j.pragma.2018.06.003

Matyjas, D. P. (2022). *Sexroboter: Empirische Befunde zu Gegenwart und Zukunft einer polarisierenden Technologie*. Psychosozial-Verlag.

Mayshak, R., King, R. M., Chandler, B. & Hannah, M. (2020). To Swipe or Not to Swipe: The Dark Tetrad and Risks Associated with Mobile Dating App Use. *Personality and Individual Differences, 163*, 110099. https://doi.org/10.1016/j.paid.2020.110099

Meier, A. & Schäfer, S. (2018). The Positive Side of Social Comparison on Social Network Sites: How Envy Can Drive Inspiration on Instagram. *Cyberpsychology, Behavior, and Social Networking, 21*(7), 411–417. https://doi.org/10.1089/cyber.2017.0708

Mignault, L., Vaillancourt-Morel, M., Ramos, B. S. D., Brassard, A. & Daspe, M. (2022). Is Swiping Right Risky? Dating App Use, Sexual Satisfaction, and Risky Sexual Behavior among Adolescents and Young Adults. *Sexual and Relationship Therapy*, 1–24 (online first). https://doi.org/10.1080/14681994.2022.2078804

Mihailidis, P. (2020). The Civic Potential of Memes and Hashtags in the Lives of Young People. *Discourse: Studies in the Cultural Politics of Education, 41*(5), 762–781. https://doi.org./10.1080/01596306.2020.1769938

Milzner, G. (2016). *Digitale Hysterie. Warum Computer unsere Kinder weder dumm noch krank machen*. Beltz.

Moeller, M. L. (2002). Zwiegespräche in der psychotherapeutischen Praxis. In M. Wirsching & P. Scheib (Hrsg.), *Paar- und Familientherapie* (S. 273–296). Springer.

Morse, S. & Gergen, K. J. (1970). Social Comparison, Self-Consistency, and the Concept of Self. *Journal of Personality and Social Psychology, 16*(1), 148–156. https://doi.org/10.1037/h0029862

Mummendey, A. & Wenzel, M. (1999). Social Discrimination and Tolerance in Intergroup Relations: Reactions to Intergroup Difference. *Personality and Social Psychology Review, 3*(2), 158–174.

Naderer, B., Matthes, J. & Schäfer, S. (2021). Effects of Disclosing Ads on Instagram: The Moderating Impact of Similarity to the Influencer. *International Journal of Advertising, 40*(5), 686–707. https://doi.org/10.1080/02650487.2021.1930939

Nagoski, E. (2015). *Come as You are. The Surprising Science That Will Transform Your Sex Life.* Simon and Schuster.

Newerla, A. & van Hooff, J. (2023). Mobile Intimacies? Uncertainty, Ambivalence and Fluidity in the Intimate Practices of Dating App Users in Germany and the UK. *Sexualities* (online first). https://doi.org/10.1177/13634607231168959

Nordbrandt, M. (2023). Affective Polarization in the Digital Age: Testing the Direction of the Relationship between Social Media and Users' Feelings for Out-Group Parties. *New Media & Society, 25*(12), 3392–3411.

O'Doherty, K.C., Osbeck, L.M., Schraube, E. & Yen, J. (2019). *Psychological Studies of Science and Technology*. Springer International Publishing. https://doi.org/10.1007/978-3- 030-25308-0

Olivos, F., Olivos-Jara, P. & Browne, M. (2020). Asymmetric Social Comparison and Life Satisfaction in Social Networks. *Journal of Happiness Studies, 22*(1), 363–384. https://doi.org/10.1007/s10902-020-00234-8

O'Malley, R.L., Holt, K. & Holt, T.J. (2020). An Exploration of the Involuntary Celibate (Incel) Subculture Online. *Journal of Interpersonal Violence, 37*(7–8), NP4981–NP5008. https://doi.org/10.1177/0886260520959625

Pace Giannotta, A. (2019). Digital World, Lifeworld, and the Phenomenology of Corporeality. *Azimuth, 14*, 109–120. https://doi.org/10.1400/275012

Palma, S. (2023). God the Father: Religious and Militaristic Rhetoric in the Construction of Patriarchal Traditionalist Masculinities. *Humanities Commons*, online first. https://doi.org/10.17613/va3p-je49

Parisi, L. & Comunello, F. (2019). Dating in the Time of »Relational Filter Bubbles«: Exploring Imaginaries, Perceptions and Tactics of Italian Dating App Users. *The Communication Review, 23*(1), 66–89. https://doi.org/10.1080/10714421.2019.1704111

Park, Y.J., Chung, J.E. & Kim, J.N. (2022). Social Media, Misinformation, and Cultivation of Informational Mistrust: Cultivating Covid-19 Mistrust. *Journalism, 23*(12), 2571–2590. https://doi.org/10.1177/14648849221085050

Patel, U., Mukherjee, A. & Mondal, M. (2023). »Dummy Grandpa, Do You Know Anything?« Identifying and Characterizing Ad Hominem Fallacy Usage in the Wild. *Proceedings of the International AAAI Conference on Web and Social Media, 17*(1), 698–709. https://doi.org/10.1609/icwsm.v17i1.22180

Peetz, T. (2020). Der Sinn der Ökonomisierung. *Sozialer Sinn, 21*(1), 1–23. https://doi.org/10.1515/sosi-2020-0001

Peetz, T. (2021). Digitalisierte intime Bewertung. *Kölner Zeitschrift für Soziologie und Sozialpsychologie, 73*(Suppl 1), 425–450. https://doi.org/10.1007/s11577-021-00754-y

Peetz, T. (2023). Intimate Valuation Devices: Doing Valuation while Doing Dating in Tinder Texts. *Journal of Cultural Economy*, online first. https://doi.org/10.1080/17530350.2023.2246987

Peetz, T. & Kumkar, N.C. (2024). Die Ikonik des Spiegelselfies. Über eine Form der kommunikativen Konstruktion von Gelegenheiten des digitalen Kennenlernens. *Soziale Welt* (in press).

Petersen, M.A., Bogren, A. & Hunt, G. (2023). Ambiguous Encounters: Young Women's Expectations and Experiences with Intoxicated Sexual Relations in Danish Nightlife. *Young, 31*(5), 517–535. https://doi.org/10.1177/11033088231179550

Phan, A. T., Seigfried-Spellar, K. C. & Choo, K.-K.R. (2021). Threaten Me Softly: A Review of Potential Dating App Risks. *Computers in Human Behavior Reports, 3*, 100055. https://doi.org/10.1016/j.chbr.2021.100055

Pitcho-Prelorentzos, S., Heckel, C. & Ring, L. (2020). Predictors of Social Anxiety among Online Dating Users. *Computers in Human Behavior, 110*, 106381. https://doi.org/10.1016/j.chb.2020.106381

Plesa, P. (2021). Reassessing Existential Constructs and Subjectivity: Freedom and Authenticity in Neoliberalism. *Journal of Humanistic Psychology*, 002216782110320. https://doi.org/10.1177/00221678211032065

Poferl, A., Schröer, N., Hitzler, R. & Kreher, S. (Hrsg.). (2023). *Leib – Körper – Ethnographie: Erkundungen zum Leib-Sein und Körper-Haben*. Oldib.

Portingale, J., Fuller-Tyszkiewicz, M., Liu, S., Eddy, S. L., Liu, X., Giles, S. & Krug, I. (2022). Love Me Tinder: The Effects of Women's Lifetime Dating App Use on Daily Body Dissatisfaction, Disordered Eating Urges, and Negative Mood. *Body Image, 40*, 310–321. https://doi.org/10.1016/j.bodyim.2022.01.005

Portolan, L. & McAlister, J. (2022). Jagged Love: Narratives of Romance on Dating Apps during COVID-19. *Sexuality & Culture, 26*(1), 354–372. https://doi.org/10.1007/s12119-021-09896-9

Pronk, T. & Denissen, J. J. A. (2019). A Rejection Mind-Set: Choice Overload in Online Dating. *Social Psychological and Personality Science, 11*(3), 388–396. https://doi.org/10.1177/1948550619866189

Przyborski, A. & Slunecko, T. (2020). Understanding Media Communication: On the Significance of Iconic Thinking for a Praxeological Model of Communication. *SAGE Open, 10*(3). https://doi.org/10.1177/2158244020952064

Pym, T., James, A., Waling, A., Power, J. & Dowsett, G. W. (2023). »Synced as a Couple«: Responsibility, Control and Connection in Accounts of Using Wireless Sex Devices during Heterosex. *Sexualities*. https://doi.org/10.1177/13634607231218832

Reed, L. A., Conn, K., & Wachter, K. (2020). Name-Calling, Jealousy, and Break-Ups: Teen Girls' and Boys' Worst Experiences of Digital Dating. *Children and Youth Services Review, 108*, 104607. https://doi.org/10.1016/j.childyouth.2019.104607

Reichertz, J. (1991). Kontaktanzeigen in Stadtmagazinen oder die Suche nach dem anderen, den man nicht treffen will. In S. Müller-Doohm & K. Neumann-Braun (Hrsg.), *Öffentlichkeit, Kultur, Massenkommunikation* (S. 251–265). Bibliotheks- u. Informationssystem der Universität Oldenburg.

Reichertz, J. (1998). Vom lieben Wort zur großen Fernsehinszenierung: Theatralisierungstendenzen bei der (Re)Präsentation von Liebe. In H. Willems & M. Jurga (Hrsg.), *Theatralisierung der Gesellschaft. Band 2: Medientheatralität und Medientheatralisierung* (S. 385–402). Springer VS.

Rijk, L. E. M. & Stommel, W. J. P. (2023). Where to Start? Initiating Post-Match Chat

Conversation on Tinder. In A. Koivisto, H. Vepsäläinen & M.T. Virtanen (Hrsg.), *Conversation Analytic Perspectives to Digital Interaction: Practices, Resources, and Affordances* (S. 127–147). Finnish Literary Society.

Rochadiat, A.M.P., Tong, S.T., Hancock, J.T. & Stuart-Ulin, C.R. (2020). The Outsourcing of Online Dating: Investigating the Lived Experiences of Online Dating Assistants Working in the Contemporary Gig Economy. *Social Media + Society, 6*(3), 205630512095729. https://doi.org/10.1177%2F2056305120957290

Roesler, C. & Bröning, S. (Hrsg.). (2024). *Paarbeziehung im 21. Jahrhundert: Psychosoziale Entwicklungen und Spannungsfelder*. Kohlhammer.

Röhricht, F. (2011). Leibgedächtnis und Körper-Ich: Zwei zentrale Bezugspunkte in der störungsspezifischen körperorientierten Psychotherapie. *Psychologie in Österreich, 4*, 239–248.

Rosa, H. (2013). *Beschleunigung und Entfremdung*. Suhrkamp.

Rosa, H. (2018). *Unverfügbarkeit*. Residenz.

Rosa, H. (2019). *Resonanz: Eine Soziologie der Weltbeziehung*. Suhrkamp.

Rosa, H. (2020). Von summenden und verstummenden Resonanzachsen im Zeitalter der Digitalisierung. In E. Hübner & L. Weiss (Hrsg.), *Resonanz und Lebensqualität. Weltbeziehung in Zeiten der Digitalisierung* (S. 9–12). Barbara Budrich.

Rose, N. (1989). *Governing the Soul: The Shaping of the Private Self.* Free Association Books.

Rosenfeld, M.J., Reuben, J.T. & Hausen, S. (2019). Disintermediating Your Friends: How Online Dating in the United States Displaces Other Ways of Meeting. *PNAS, 116*(36), 17753–17758. https://doi.org/10.1073/pnas.1908630116

Rosenthal, R. (1987). Pygmalion Effects: Existence, Magnitude, and Social Importance. *Educational Researcher, 16*(9), 37–40. https://doi.org/10.3102/0013189x016009037

Ryan, P. (2019). *Male Sex Work in the Digital Age*. Springer.

Sadjiroen, A., Amelung, G., Boll-Klatt, A. & Lamparter, U. (Hrsg.). (2022). *Die Liebe ist ein wilder Vogel: Psychoanalytische Beiträge zu einem menschlichen Grundgefühl.* Psychosozial-Verlag.

Sanchez, S. (2022). The World's Oldest Profession Gets a Makeover: Sex Work, OnlyFans, and Celebrety Participation. *Women Leading Change: Case Studies on Women, Gender, and Feminism, 6*(1), 4–17.

Schlechter, M. & Grenz, T. (2021). Die Sinne im Digitalen: Digital-mediales Zugehörigkeitsmanagement am Beispiel einer Schulethnographie. In P. Eisewicht, R. Hitzler & L. Schäfer (Hrsg.), *Der soziale Sinn der Sinne. Erlebniswelten* (S. 247–264). Springer VS. https://doi.org/10.1007/978-3-658-31573-3_14

Schmidt, F., Christmann, B., Lamour, M., Wazlawik, M. & Dekker, A. (2023). Sexuality and Sexual Violence: A Qualitative Study Exploring the Perspectives of Sexuality Educators and Sexual Violence Professionals. *Sexualities,* online publication. https://doi.org/10.1177/13634607231197070

Schmuck, D., Karsay, K., Matthes, J. & Stević, A. (2019). »Looking Up and Feeling Down«. The Influence of Mobile Social Networking Site Use on Upward Social Comparison, Self-Esteem, and Well-Being of Adult Smartphone Users. *Telematics and Informatics, 42,* 101240. https://doi.org/10.1016/j.tele.2019.101240

Schnarch, D.M. (1991). *Constructing the Sexual Crucible: An Integration of Sexual and Marital Therapy.* Norton.

Schneider, S. (2020). Liebe und Sehnsucht. Bedrohungen und Möglichkeiten der Liebe in modernen Zeiten. *psychosozial, 43*(4), 81–89. https://doi.org/10.30820/0171-3434-2020-4-81

Schraube, E. (2024). *Digitalization and Learning as a Worlding Practice: Why Dialogue Matters.* Routledge. https://doi.org/10.4324/9780429031076

Schraube, E. & Højholt, C. (2019). Introduction: Subjectivity and Knowledge – The Formation of Situated Generalization in Psychological Research. In dies. (Hrsg.), *Subjectivity and Knowledge: Theory and History in the Human and Social Sciences* (S. 1–19). Springer. https://doi.org/10.1007/978-3-030-29977-4_1

Schreier, M., Groeben, N., Rothmund J. & Nickel-Bacon, I. (2001). Im Spannungsfeld von Realität, Fiktion und Täuschung: Möglichkeiten kontra-intentionaler Rezeption von Medieninhalten. In M.K.W. Schweer (Hrsg.), *Der Einfluss der Medien* (S. 35–54). Springer VS.

Schweitzer, J. & Schweitzer, R. (2022). *Die Magier unserer Sinne: Warum wir ohne sie nicht lachen, lieben, leben können – Wie wir sie wiederentdecken und richtig nutzen.* Goldmann.

Sciara, S., Contu, F., Bianchini, M., Chiocchi, M. & Sonnewald, G.G. (2021). Going Public on Social Media: The Effects of Thousands of Instagram Followers on Users with a High Need for Social Approval. *Current Psychology, 42*(10), 8206–8220. https://doi.org/10.1007/s12144-021-02172-x

Shabahang, R., Aruguete, M.S., Shim, H., Koushali, F.G. & Zsila, Á. (2022). Desire To Be a Social Media Influencer: Desire for Fame, Materialism, Perceived Deprivation and Preference for Immediate Gratification as Potential Determinants. *Media Watch, 13*(3), 246–263. https://doi.org/10.1177/09760911221113449

Shan, Y., Chen, K.J. & Lin, J.S. (2020). When Social Media Influencers Endorse Brands: The Effects of Self-Influencer Congruence, Parasocial Identification, and Perceived Endorser Motive. *International Journal of Advertising, 39*(5), 590–610. https://doi.org/10.1080/02650487.2019.1678322

Sharabi, L.L. (2023). The Enduring Effect of Internet Dating: Meeting Online and the Road to Marriage. *Communication Research.* https://doi.org/10.1177/00936502221127498

Sharabi, L.L. & Timmermans, E. (2021). Why Settle When There Are Plenty of Fish in the Sea? Rusbult's Investment Model Applied to Online Dating. *New Media & Society, 23*(10), 2926–2946. https://doi.org/10.1177/1461444820937660

Sharabi, L.L., Ryder, C.V. & Niess, L.C. (2023). A Space of Our Own: Exploring the

Relationship Initiation Experiences of Lesbian, Gay, Bisexual, Transgender, Queer, Intersex, and Asexual Dating App Users. *Journal of Social and Personal Relationships, 40*(7), 2277–2297. https://doi.org/10.1177/02654075221143790

Shareef, M. A., Kapoor, K. K., Mukerji, B., Dwivedi, R. & Dwivedi, Y. K. (2020). Group Behavior in Social Media: Antecedents of Initial Trust Formation. *Computers in Human Behavior, 105*, 106225. https://doi.org/10.1016/j.chb.2019.106225

Shaw, F. (2016). »Bitch I Said Hi«: The Bye Felipe Campaign and Discursive Activism in Mobile Dating Apps. *Social Media + Society, 2*(4). https://doi.org/10.1177/2056305116672889

Siemoneit, J. K. M. (2022). Zur Situation der Sexuellen Bildung von Lehrer*innen an Universitäten. In M. Urban, S. Wienholz & C. Khamis (Hrsg.), *Sexuelle Bildung für das Lehramt. Zur Notwendigkeit der Professionalisierung* (S. 47–54). Psychosozial-Verlag. https://doi.org/10.30820/9783837978254

Simmel, G. (1919). *Philosophische Kultur* (2. Auflage). Alfred Kröner.

Simmel, G. (1995). Die Großstädte und das Geistesleben. In R. Kramme, A. Rammstedt & O. Rammstedt (Hrsg.), *Georg Simmel Gesamtausgabe* (Band 7, Teil 1, S. 116–131). Suhrkamp.

Soliman, T. (2019). *Ghosting: Vom spurlosen Verschwinden des Menschen im digitalen Zeitalter*. Klett-Cotta.

Spiegel, T. J. (2021). The Phenomenology of Parasocial Relations and Loneliness – Buber and Stein. In P. Nehra (Hrsg.), *Loneliness and the Crisis of Work* (S. 176–196). Cambridge Scholars.

Sredl, K. C. (2018). Gendered Market Subjectivity: Autonomy, Privilege, and Emotional Subjectivity in Normalizing Post-Socialist Neoliberal Ideology. *Consumption Markets & Culture, 21*(6), 532–553. https://doi.org/10.1080/10253866.2017.1374950

Statista (2022). Anzahl der zahlenden Abonnenten von Tinder weltweit vom 1. Quartal 2020 bis zum 2. Quartal 2022. Tinder – Nutzerzahlen weltweit 2022. https://de.statista.com

Statista (2023a). Dating Services – Deutschland. https://de.statista.com

Statista (2023b). Übersicht Daten zum weltweiten Traffic von OnlyFans im November im Jahr 2023. https://de.statista.com

Stegbauer, C. (2018). *Shitstorms: Der Zusammenprall digitaler Kulturen*. Springer.

Stein, J. W. (2023). Sexuelle Bildung braucht einen starken politischen Rahmen. In M. Urban, S. Wienholz & C. Khamis (Hrsg.), *Sexuelle Bildung für das Lehramt. Zur Notwendigkeit der Professionalisierung* (S. 263–272). Psychosozial-Verlag. https://doi.org/10.30820/9783837978254

Sternberg, R. & Sternberg, K. (2019). *The New Psychology of Love.* Cambridge University Press.

Stoicescu, M. (2019). The Globalized Online Dating Culture: Reframing the Dating

Process through Online Dating. *Journal of Comparative Research in Anthropology and Sociology, 10*(1), 21–32.

Stoicescu, M. (2022). The Moral Careers of Male Tinder Users: An Exploratory Sociological Analysis. *Sociologie românească, 20*(2), 49–75. https://doi.org/10.33788/sr.20.2.3

Storch, M., Tschacher, W. & Weber, J. (2018). Embodiment in Coaching und Training. *supervision, 36*(3), 19–24.

Strömquist, L. (2021). *Im Spiegelsaal.* Avant.

Sugarman, J. (2015). Neoliberalism and Psychological Ethics. *Journal of Theoretical and Philosophical Psychology, 35*(2), 103–116. https://doi.org/10.1037/a0038960

Sumter, S. R., Vandenbosch, L. & Ligtenberg, L. (2017). Love Me Tinder: Untangling Emerging Adults' Motivations for Using the Dating Application Tinder. *Telematics and Informatics, 34*(1), 67–78. https://doi.org/10.1016/j.tele.2016.04.009

Sztenc, M. (2021). *Embodimentorientierte Sexualtherapie.* Schattauer.

Tafesse, W. & Wood, B. P. (2021). Followers' Engagement with Instagram Influencers: The Role of Influencers' Content and Engagement Strategy. *Journal of Retailing and Consumer Services, 58,* 102303. https://doi.org/10.1016/j.jretconser.2020.102303

Tandon, A., Dhir, A., Almugren, I., Alnemer, G. N. & Mäntymäki, M. (2021a). Fear of Missing Out (FoMO) among Social Media Users: A Systematic Literature Review, Synthesis and Framework for Future Research. *Internet Research, 3,* 782–821. https://doi.org/10.1108/INTR-11-2019-0455

Tang, T., Chi, L. & Tang, E. (2023). Office Islands: Exploring the Uncharted Waters of Workplace Loneliness, Social Media Addiction, and the Fear of Missing Out. *Current Psychology.* https://doi.org/10.1007/s12144-023-05445-9

Teney, C. & Rupieper, L. K. (2022). A New Social Conflict on Globalisation – Related Issues in Germany? A Longitudinal Perspective. *Kölner Zeitschrift für Soziologie und Sozialpsychologie, 75*(Suppl 1), 205–234. https://doi.org/10.1007/s11577-023-00884-5

Terren, L. & Borge-Bravo, R. (2021). Echo Chambers on Social Media: A Systematic Review of the Literature. *Review of Communication Research, 9,* 99–118.

Thorhauge, A. M., Demnat, J. J. & Krogager, S. G. S. (2020). Intimacy and Visual Communication in Social Media. *MedieKultur: Journal of Media and Communication Research, 67,* 1–5.

Thuswald, M. (2022). *Sexuelle Bildung ermöglichen. Sprachlosigkeit, Lust, Verletzbarkeit und Emanzipation als Herausforderungen pädagogischer Professionalisierung.* transcript.

Tiggemann, M. & Anderberg, I. (2020). Social Media Is Not Real: The Effect of »Instagram vs Reality« Images on Women's Social Comparison and Body Image. *New Media & Society, 22*(12), 2183–2199. https://doi.org/10.1177/1461444819888720

Timmermans, E. & Courtois, C. (2018). From Swiping to Casual Sex and/or Committed Relationships: Exploring the Experiences of Tinder Users. *The Information Society, 34*(2), 59–70. https://doi.org/10.1080/01972243.2017.1414093

Tukachinsky, R. (2010). Para-Romantic Love and Para-Friendships: Development and Assessment of a Multiple-Parasocial Relationships Scale. *American Journal of Media Psychology, 3*, 73–94.

Tukachinsky, R., Walter, N. & Saucier, C.J. (2020). Antecedents and Effects of Parasocial Relationships: A Meta-Analysis. *Journal of Communication, 70*(6), 868–894. https://doi.org/10.1093/joc/jqaa034

Twenge, J.M., Haidt, J., Blake, A.B., McAllister, C., Lemon, H. & Roy, A.L. (2021). Worldwide Increases in Adolescent Loneliness. *Journal of Adolescence, 93*(1), 257–269. https://doi.org/10.1016/j.adolescence.2021.06.006

Urban, M., Wienholz, S. & Khamis, C. (Hrsg.). (2022). *Sexuelle Bildung für das Lehramt. Zur Notwendigkeit der Professionalisierung*. Psychosozial-Verlag. https://doi.org/10.30820/9783837978254

Vaadal, K. (2021). From Hooking Up to Staying In? Women Negotiating Appropriate Sexuality in Nightlife with Age. *Sexualities, 25*(8), 1111–1125. https://doi.org/10.1177/13634607211033866

van der Nagel, E. (2021). Competing Platform Imaginaries of NSFW Content Creation on OnlyFans. *Porn Studies, 8*(4), 394–410. https://doi.org/10.1080/23268743.2021.1974927

van der Zanden, T. & Schouten, A. (2023). Creativity, Expectancy Violations, and Impression Formation: Effects of Novelty and Appropriateness in Online Dating Profile Texts. *Media Psychology*, 1–27. https://doi.org/10.1080/15213269.2023.2295526

van der Zanden, T., Schouten, A.P., Mos, M.B.J. & Krahmer, E.J. (2019). Impression Formation on Online Dating Sites: Effects of Language Errors in Profile Texts on Perceptions of Profile Owners' Attractiveness. *Journal of Social and Personal Relationships, 37*(3), 758–778. https://doi.org/10.1177/0265407519878787

van der Zanden, T., Schouten, A.P., Mos, M.B.J. & Krahmer, E.J. (2022). Originality in Online Dating Profile Texts: How Does Perceived Originality Affect Impression Formation and What Makes a Text Original? *PLOS ONE, 17*(10), 0274860. https://doi.org/10.1371/journal.pone.0274860

van Driel, L. & Dumitrica, D. (2021). Selling Brands while Staying »Authentic«: The Professionalization of Instagram Influencers. *Convergence, 27*(1), 66–84. https://doi.org/10.1177/1354856520902136

van Valkenburgh, S.P. (2021). Digesting the Red Pill: Masculinity and Neoliberalism in the Manosphere. *Men and Masculinities, 24*(1), 84–103. https://doi.org/10.1177/1097184X18816118

Velasco, J.C. (2020). You Are Cancelled: Virtual Collective Consciousness and the Emergence of Cancel Culture as Ideological Purging. *Rupkatha Journal on Interdisci-*

plinary Studies in Humanities, 12(5), 1–7. https://doi.org/10.21659/rupkatha.v12n5.rioc1s21n2

Vrontis, D., Makrides, A., Christofi, M. & Thrassou, A. (2021). Social Media Influencer Marketing: A Systematic Review, Integrative Framework and Future Research Agenda. *International Journal of Consumer Studies, 45*(4), 617–644. https://doi.org/10.1111/ijcs.12647

Waling, A., Kerr, L., Bourne, A., Power, J. & Kehler, M. (2022). »It's Nice to Be Appreciated«: Understanding Heterosexual Men's Engagements with Sexting and Sharing Dick Pics. *Sexualities, 25*(3), 198–221. https://doi.org/10.1177/1363460720947297

Walter, S. & Brüggemann, M. (2018). Opportunity Makes Opinion Leaders: Analyzing the Role of First-Hand Information in Opinion Leadership in Social Media Networks. *Information, Communication & Society, 23*, 267–287. https://doi.org/10.1080/1369118X.2018.1500622

Ward, J. (2016). What Are You Doing on Tinder? Impression Management on a Matchmaking Mobile App. *Information, Communication & Society, 20*(11), 1644–1659. https://doi.org/10.1080/1369118X.2016.1252412

Watts, G. (2022). Are You a Neoliberal Subject? On the Uses and Abuses of a Concept. *European Journal of Social Theory, 25*(3), 458–476. https://doi.org/10.1177/13684310211037205

Weigel, M. (2016). *Labor of Love: The Invention of Dating.* btb.

Wienholz, S. (2022). Sebile – Ergebnisse der quantitativen Erhebung. In M. Urban, S. Wienholz & C. Khamis (Hrsg.), *Sexuelle Bildung für das Lehramt. Zur Notwendigkeit der Professionalisierung* (S. 85–114). Psychosozial-Verlag.

Willberg, H. A. (2023). Robotisierung und Vereinsamung. In ders., *Einsamkeit und Vereinsamung* (S. 129–164). Springer. https://doi.org/10.1007/978-3-662-67162-7_7

Wolfers, L. N. & Utz, S. (2022). Social Media Use, Stress, and Coping. *Current Opinion in Psychology, 45*, 101305. https://doi.org/10.1016/j.copsyc.2022.101305

Xie, X., Wu, C., Lee, S. & Dan, H. (2019). Parents' Phubbing Increases Adolescents' Mobile Phone Addiction: Roles of Parent-Child Attachment, Deviant Peers, and Gender. *Children and Youth Services Review, 105*, 104426. https://doi.org/10.1016/j.childyouth.2019.104426

Xu, Y. & Zheng, L. (2022). Relationships Between Use of Geosocial Mobile Dating Application »The L« and Self-Objectification among Chinese Female Sexual Minorities. *Computers in Human Behavior, 134*, 107322. https://doi.org/10.1016/j.chb.2022.107322

Ye, S., Ho, K. K. W. & Zerbe, A. (2021). The Effects of Social Media Usage on Loneliness and Well-Being: Analysing Friendship Connections of Facebook, Twitter and Instagram. *Information Discovery and Delivery, 49*(2), 136–150. https://doi.org/10.1108/idd-08-2020-0091

Young, M. & Roberts, S. (2021). »Shifting Old-Fashioned Power Dynamics«? Women's Perspectives on the Gender Transformational Capacity of the Dating App, Bumble. *Feminist Media Studies, 23*(3), 1238–1255. https://doi.org/10.1080/14680777.2021.1992472

Yuan, S. & Lou, C. (2020). How Social Media Influencers Foster Relationships with Followers: The Roles of Source Credibility and Fairness in Parasocial Relationship and Product Interest. *Journal of Interactive Advertising, 20*(2), 133–147.

Zelizer, V.A. (2007). *The Purchase of Intimacy*. Princeton University Press.

Zelizer, V.A. (2011). Economic Lives: *How Culture Shapes the Economy*. Princeton University Press.

Zengler, Y. (2022). Vom Mangel und dem Begehren nach Fülle. Bericht über das Symposion »Sexuelle Bildung – Quo vadis? Feministische und geschlechtertheoretische Perspektiven auf Sexualität und Subjektbildung«. *Zeitschrift für Sexualforschung, 35*(3), 170–171. https://doi.org/10.1055/a-1882-2012

Zengler, Y. (2024). Die Bedeutung sexueller Fantasien in sexualpädagogischen Kontexten: Eine kritische Kommentierung über Versuche der Neutralisierung von Fremdheitserfahrungen als Verhinderung von sexueller Bildung. In T. Kreuzer, F. Tillmann, R. Langnickel, R. Behringer & P.-C. Link (Hrsg.), *Kindliches Spiel* (online first). Barbara Budrich.

Zhang, J., Dong, C., Jiang, Y., Zhang, Q., Li, H. & Li, Y. (2023). Parental Phubbing and Child Social-Emotional Adjustment: A Meta-Analysis of Studies Conducted in China. *Psychology Research and Behavior Management, 16*, 4267–4285. https://doi.org/10.2147/prbm.s417718

Zillmann, D. (2016). *Von kleinen Lügen und kurzen Beinen*. Springer VS.

Zniva, R., Weitzl, W.J. & Lindmoser, C. (2023). Be Constantly Different! How to Manage Influencer Authenticity. *Electronic Commerce Research, 23*, 1485–1514. https://doi.org/10.1007/s10660-022-09653-6

Zytko, D., Ghandi, S. & Jones, Q. (2018). The (Un)Enjoyable User Experience of Online Dating Systems: From Usability to Enjoyment. In M. Blythe & A. Monk (Hrsg.), *Funology 2: From Usability to Enjoyment* (S. 61–75). Springer VS.